Engrandeced a Nuestro Dios

Cómo experimentar la verdadera comunión con Dios

Jorge Lozano

Copyright © 2016 Jorge Lozano

Copyright © 2016 Editorial Imagen.
Córdoba, Argentina

Editorialimagen.com
All rights reserved.

Revisión, edición y corrección: Andrés Reina

Todos los derechos reservados. Ninguna parte de este libro puede ser reproducida por cualquier medio (incluido electrónico, mecánico u otro, como ser fotocopia, grabación o cualquier sistema de almacenamiento o reproducción de información) sin el permiso escrito del autor, a excepción de porciones breves citadas con fines de revisión.

Todas las referencias bíblicas son de la versión Reina-Valera 1960, copyright © 1960 by American Bible Society excepto donde se indica:
TLA - Traducción Lenguaje Actual, Copyright © 2000 by United Bible Societies. NVI - Nueva Versión Internacional, Copyright © 1999 by Biblica.

CATEGORÍA: Vida Cristiana/Alabanza y Adoración

Impreso en los Estados Unidos de América

ISBN-13:
ISBN-10:

Índice

Prólogo 1

Introducción 5

1 El Corazón de Dios 7

2 Levántate, Señor 17

3 Restaurando todas las cosas 25

4 Mandatos bíblicos para alabar 35

    El aplauso 40

    Voz de júbilo 44

    Con mi voz 45

    Alzando mis manos 47

    Instrumentos musicales 48

    La danza 50

5 Nuestra comunión con Dios 55

6 ¿Es Dios celoso? 65

7 ¡Queremos experimentar a Dios! 81

8 Ayudas prácticas para dirigir alabanza 93

    1 - Orgullo 94

    2 - ¿Cómo está mi estado de ánimo? 96

    3 - Necesitamos orar antes 97

4 - Preséntate preparado 98

5 - El tiempo de la alabanza 98

6 - Nuestras emociones 99

7 - Sensibilidad 101

8 - Debemos cantar con inteligencia 103

9 - Zapatero, a tu zapato 103

10 - Busquemos que haya fluidez 104

11 - ¿Qué canción quieren cantar? 105

12 - La necesidad de los cantos nuevos 105

13 - La gran necesidad de la unción y la preparación 107

14 - La gran espera 108

15 – Nuestro vocabulario 109

16- Sed llenos del Espíritu Santo 110

Más libros del autor **115**

Más libros de Interés **117**

Prólogo

Desde el principio Dios siempre ha buscado al hombre. Su inmenso corazón de Padre lleno de amor ha anhelado una relación íntima y especial con cada uno de nosotros.

Lamentablemente, también desde el principio, el hombre se ha encargado de encontrar cosas para hacer antes que estar con su Padre.

En la actualidad esto se va acentuado por el ritmo acelerado que imponen las actividades cotidianas: comidas instantáneas, pagos rápidos, largas jornadas laborales, en fin, agendas completas y apretadas. Cuántas veces hemos escuchado la expresión: "¡Si el día tuviera más de 24 horas!"

Dios todo lo hace perfecto, pero dentro de esas 24 horas nosotros determinamos las prioridades.

Teniendo en cuenta la prioridad número uno que debemos tener en nuestro corazón, el pastor Jorge Lozano nos expresa conceptos basados en la Palabra de Dios que nos ayudarán a:

- Conocer el corazón de Dios, descubrir el anhelo que Él tiene de encontrarse con nosotros día a día.

- Levantar el nombre del Señor en nuestras vidas, enamorarnos de Él y que Él sea lo primero para nosotros.
- Restaurar todas las cosas, restaurar la alabanza y darnos cuenta de que fuimos creados para alabarle y amarle a Él.
- Conocer y obedecer los mandatos bíblicos de alabar.
- Anhelar tener comunión con Dios, porque esa comunión produce vida en nosotros, por lo que nada debe sustituir el pasar tiempo a solas con Él.
- Comprender que solo Él es todo lo que yo necesito y solo Él es digno de mi admiración, de mi alabanza y de mi adoración.
- Experimentar a Dios, porque cuando le alabamos y le adoramos lo sentimos, nos encontramos con Él.
- Recibir ayudas prácticas para dirigir el tiempo de alabanza. Guiar a la gente a la presencia de Dios es un privilegio, pero también una responsabilidad muy grande. Se debe buscar ser lo más efectivo posible y usar de la mejor manera ese tiempo precioso para tocar la eternidad en los corazones.

Prepárate para alabar y adorar, prepárate para ENGRANDECER A NUESTRO DIOS.

Introducción

"Porque el nombre de Jehová proclamaré. Engrandeced a nuestro Dios." Deuteronomio 32:3

"Engrandeced a Jehová conmigo, y exaltemos a una su nombre." Salmo 34: 3.

Tanto Moisés como David nos dan el mismo consejo, permite que Dios crezca en tu corazón cada día más y más. De esa manera, mientras más grande sea el Señor en tu corazón, más fácil será enfrentarte a las batallas que surgen cada día.

El propósito más grande de Dios al crearnos fue que le conozcamos en una forma real e íntima. Dios no está lejos, solo está a una oración de distancia.

Él no es un Dios que se hace rogar, sino que tan pronto como tú clamas a Él, Él te responde, pues Él lo prometió:

"Clama a mí, y yo te responderé, y te enseñaré cosas grandes y ocultas que tú no conoces." Jeremías 33:3

Y tengo buenas noticias para ti, Él siempre cumple lo que promete:

"Dios no es hombre, para que mienta, ni hijo de hombre para que se arrepienta. Él dijo, ¿y no hará? Habló, ¿y no lo ejecutará?" Números 23:19

Se podría decir que la alabanza y la adoración son el protocolo que Dios usa para que nosotros nos aproximemos a Su Presencia. Si los reyes y presidentes de las naciones tienen su protocolo, y existe una forma en que nos debemos acercar y comportar delante de ellos, cuánto más nuestro Dios tiene el derecho de decirnos cómo aproximarnos a Él (Salmos 100 y 95, que veremos en detalle más adelante).

En este libro quisiera expresar algunas verdades que he encontrado en la Palabra de Dios, y espero que estas verdades nos ayuden a cumplir con el máximo propósito de Dios para nuestra vida, que le conozcamos y que lleguemos a ser verdaderos adoradores.

Jorge Lozano

1
El Corazón de Dios

Una de las verdades más asombrosas que he encontrado en las Escrituras es que Dios realmente tiene el inmenso deseo de encontrarse con nosotros cada día.

No en una forma congregacional, o colectiva, sino en una forma individual y a solas con cada uno de nosotros.

El Señor, que es Omnipotente, Omnipresente y Omnisciente, nos busca, nos llama, nos anhela y desea pasar tiempo con cada uno de nosotros.

Tan pronto Él hizo al hombre le mostró Su deseo de estar con él. Cada día entraba al jardín del Edén y tenía comunión con ellos y les mostraba Su voluntad.

Desgraciadamente, el día en que el hombre decidió hacer su propia voluntad y se declaró independiente, ese día empezaron los problemas para toda la raza humana.

Ni tú ni yo nacimos seres independientes, al contrario, somos los seres más dependientes de toda la Creación. Piensa en esto: desde el momento en que nacemos hasta el momento en que morimos necesitamos ayuda.

El Señor no puso a Adán y Eva en el jardín del Edén para que estén de vacaciones, ni de turistas, ni de luna de miel, sino que los puso a trabajar. Esa era la obra del Señor en ese momento.

El problema empezó cuando estuvieron tan ocupados con la obra del Señor que se les olvidó el Señor de la obra.

"Y oyeron la voz de Jehová Dios que se paseaba en el huerto, al aire del día; y el hombre y su mujer se escondieron de la presencia de Jehová Dios entre los árboles del huerto. Mas Jehová Dios llamó al hombre, y le dijo: ¿Dónde estás tú?" Génesis 3:8-9.

Dice aquí que se escondieron de la presencia de Dios, y eso se llama suicidio espiritual, es desconectarse de la misma fuente de vida. El Salmo 16:11 dice que en Su presencia hay plenitud de gozo. Y creo que no solo hay plenitud de gozo sino plenitud de todo lo que necesitamos en esta vida: salud, provisión, protección, guía, etc.

Así que desde el jardín del Edén el hombre comenzó a aislarse de Dios, a estar tan ocupado que ya no tenía tiempo para disfrutar con su Creador. Sin embargo, el Señor entró a buscarlo, preguntando "¿dónde estás?"

Vemos entonces que el hombre so convirtió en un fugitivo de la presencia de Dios. Pero lo maravilloso de todo esto es que a pesar de la actitud del hombre Dios no se dio por vencido o insistió en buscarlo.

Unos cuantos años más tarde la historia se vuelve a repetir: tan pronto como el pueblo de Israel entra en la Tierra Prometida y muere toda esa generación que había conocido a Dios y experimentado sus maravillas, la nueva generación se aleja de su Dios.

"Y toda aquella generación también fue reunida a sus padres. Y se levantó después de ellos otra generación que no conocía a Jehová, ni la obra que él había hecho por Israel. Y dejaron a Jehová, y adoraron a Baal y a Astarot." Jueces 2:10,13.

Todo el capítulo dos de Jueces te habla de la necedad del hombre en alejarse de Dios y de la misericordia infinita de Dios perdonándolos una y otra vez.

En el libro de Jeremías, en el capítulo dos, encontramos una plática sorprendente entre el Señor y su pueblo, donde Él les pregunta "¿Qué maldad han hallado en mí? ¿Por qué me han dejado? ¿Por qué no han preguntado por mí?"

Les habla directamente a los pastores, a los sacerdotes, a los que tenían la Ley y a los profetas. Se suponía que todas estas personas le conocían, pero en realidad lo único que tenían era religión, ritos, tradiciones, formatos, y eran totalmente ajenos a la presencia de Dios.

"¡Escuchen la palabra del Señor, descendientes de Jacob, tribus todas del pueblo de Israel! Así dice el Señor: "¿Qué injusticia vieron en mí sus antepasados, que se alejaron tanto de mí? Se fueron tras lo que nada vale, y en nada se convirtieron. Nunca preguntaron: "¿Dónde está el que nos hizo subir de Egipto, que nos guió por el desierto, por tierra árida y accidentada, por tierra reseca y tenebrosa, por tierra que nadie transita y en la que nadie vive?"

Yo los traje a una tierra fértil, para que comieran de sus frutos y de su abundancia. Pero ustedes vinieron y contaminaron mi tierra; hicieron de mi heredad algo abominable. Nunca preguntaron los sacerdotes: "¿Dónde está el Señor?" Los expertos en la ley jamás me conocieron; los pastores se rebelaron contra mí, los profetas hablaron en nombre de Baal y se fueron tras dioses que para nada sirven." Jeremías 2:4-8 (NVI)

En el versículo 13 el Señor nos expresa la verdadera posición de Israel.

"Dos son los pecados que ha cometido mi pueblo: Me han abandonado a mí, fuente de agua viva, y han cavado sus propias cisternas, cisternas rotas que no retienen agua."

Eso es la religión, una cisterna rota, ¿y sabes para qué sirve una cisterna rota? Pata absolutamente nada.

La religión es como un lavadero de cerditos, por más que los laves, a la primera que te descuides ya se metieron en el barro otra vez. Igual con los zorrillos: báñalos, perfúmalos, ponles un moño, pero al primer descuido ya te apestaron.

Su problema no es de conducta, sino hereditario. Y así es con la religión, no puede cambiar a nadie. Necesitamos ser cambiados desde adentro hacia afuera, y eso solo lo puede hacer nuestro Señor Jesucristo:

"Mira que estoy a la puerta y llamo. Si alguno oye mi voz y abre la puerta, entraré, y cenaré con él, y él conmigo." Apocalipsis 3:20 (NVI)

Yo no sé si te estás dando cuenta del amor y de la paciencia del Señor para con nosotros, pero la verdad es que Su amor es infinito.

Llegando al Nuevo Testamento, en el Evangelio de Juan, se nos revela la misma situación entre Dios y el hombre: Dios buscando al hombre con el propósito de tener comunión con él y bendecirlo, pero el hombre con la misma actitud necia y miserable de "yo puedo solito."

"En el mundo estaba, y el mundo por él fue hecho; pero el mundo no le conoció. A lo suyo vino, y los suyos no le recibieron." Juan 1:10-11

La misma historia se repite otra vez, Dios viniendo al hombre, pero el hombre rechazándolo y alejándose de Él.

Unos versículos antes, Juan, hablando de Jesús, dice lo siguiente:

"Todas las cosas por él fueron hechas, y sin él nada de lo que ha sido hecho, fue hecho. En él estaba la vida, y la vida era la luz de los hombres." Juan 1:3-4

Aquí nos dice que todo fue hecho por Él y sin Él nada de lo que ha sido hecho fue hecho. También dice que en Él está la fuente de la vida y esa vida es la luz de los hombres. O sea que sin Él estoy en tinieblas y muerto, puedo estar caminando, pero sin Él estoy muerto espiritualmente, y la cámara interior donde está mi espíritu está cerrada, apagada y sin poder ver el mundo espiritual.

Es por eso que el mundo está dividido en solo dos tipos de personas: Las que han nacido de nuevo al aceptar a Jesucristo: Él entra, da vida, enciende la luz, nuestros ojos espirituales comienzan a ver a Dios y al mundo espiritual que nos rodea.

Y del otro lado están los que no han aceptado al Señor Jesucristo, quienes aunque su cuerpo está vivo y su alma está funcionando no pueden entender nada de Dios ni del mundo espiritual.

Somos iguales que nuestros padres, Adán y Eva, creernos que podemos vivir sin Dios.

Cuando yo por primera vez leí Juan 1:10-11 y me enteré de que Jesucristo vino a los israelitas y ellos no le recibieron, dije "¡pero qué ocurrencia de ellos la de rechazar al Rey de la gloria!" Pero de repente oí una pequeña voz allá muy dentro, donde sabe hablarnos el Espíritu Santo, que me dijo "¿Y TÚ?"

Cada mañana cuando nos despertarnos el Señor nos está esperando con los brazos abiertos y nos dice "Buenos días, hijo querido, ¿cómo estás?"

Y nosotros le contestamos "espérame un momento", y salimos corriendo para hacer todas nuestras cosas del día, le mandamos algunas señales de humo para que bendiga nuestros alimentos y cuando finalmente llegamos a la cama tarde en la noche, totalmente hechos pedazos del cansancio, nos acostamos y oímos un pequeño silbido que viene de nuestra mesita de luz, vemos hacia allá y ahí está la Biblia y el Señor diciéndonos "Te quiero hablar, hijo", tomas de mala gana la Biblia y le dices que por favor sea rápido. Para ese momento ya estás tan cansado que la Biblia la ves toda borrosa, te empiezas a quedar dormido y le mandas al Señor tu última señal de humo: "Señor, que no tenga pesadillas esta noche."

Se te cae la Biblia y quedas totalmente inconsciente hasta el otro día, donde la historia se repite nuevamente. Y hasta ahí llegó tu intimidad con nuestro Dios.

Creo que esta historia se repite una y otra vez alrededor de todo el mundo. Debemos ser conscientes que cada día que nos da el Señor viene con la oportunidad de reunirnos con Él a solas para amarlo y para que Él derrame su amor sobre nosotros.

Desgraciadamente dejamos pasar esa oportunidad demasiado seguido. Y lo más terrible de esto es que cada vez que eso pasa ya no hay manera de recuperar ese tiempo perdido.

En Mateo 23:37 dice:

"¡Jerusalén, Jerusalén, que matas a los profetas, y apedreas a los que te son enviados! ¡Cuántas veces quise juntar a tus hijos, como la gallina junta sus polluelos debajo de las alas, y no quisiste!"

Aquí vemos el mismo corazón de Dios deseando estar con nosotros, anhelando nuestra compañía, pero ¿cuál es el problema? Nosotros no tenemos tiempo, estamos muy ocupados o tenemos otras prioridades, en otras palabras, no se nos da la gana, esa es la pura verdad. Como Él nos lo dice: "NO QUISISTE" A Él no lo engañamos. Dios no puede ser burlado (Gálatas 6:7).

Finalmente llegamos al libro de Apocalipsis, donde seguimos con el mismo mensaje, el deseo de Dios manifestándose desde Génesis hasta Apocalipsis, la misma añoranza. Por algo Él es un Dios Inmutable, vemos que a pesar de todas nuestras excusas y pretextos Él sigue igual, deseando pasar tiempo con nosotros.

En Apocalipsis 2:2-5 vemos al Señor mandando un mensaje de felicitación a la iglesia por su arduo trabajo, por la cantidad de obras, por su paciencia, por su sufrimiento, pero de repente detiene las felicitaciones y viene un reclamo:

"Pero tengo contra ti, que has dejado tu primer amor." Apocalipsis 2: 4.

Puede que llegue el tiempo en nuestra vida en que estemos tan ocupados con la obra del Señor que se nos olvide el Señor de la obra. Estamos tan ocupados en la música del Señor que se nos olvida el Señor de la música, tan ocupados en la Iglesia del Señor que se nos olvida el Señor de la Iglesia. Y así podría estar día y noche mencionándote todos los sustitutos y pretextos que podemos tener para creer que esas actividades pueden ocupar el lugar y el tiempo que debemos darle a nuestro amadísimo Padre que está en los cielos.

El pasaje de Apocalipsis 3:20 siempre lo usamos para evangelizar a los que no tienen al Señor Jesús en su corazón, pero este mensaje no es para ellos, sino para la Iglesia:

"Mira que estoy a la puerta y llamo. Si alguno oye mi voz y abre la puerta, entraré, y cenaré con él, y él conmigo." Apocalipsis 3:20 (NVI)

Muchos tienen a Jesucristo fuera de sus vidas, fuera de sus iglesias, fuera de sus denominaciones y de sus actividades. Se quedaron solo con la cisterna rota, como vimos anteriormente que dice en Jeremías 2:13.

Este tipo de personas viven de recuerdos, del mover de Dios hace 80 años, de las glorias del pasado. Han caído en un molde, en métodos, normas y legalismos, los cuales atan y esclavizan a todos los que caen en sus dominios. Son anti-esto y anti-aquello, son más incrédulos que el mismo discípulo Tomás.

Tal parece que tan pronto y aprendemos cómo funciona, inmediatamente lo patentamos o lo importamos de otro lugar donde funcionó y lo aplicamos de ahí en adelante en nuestras reuniones. Y como ya sabemos cómo funciona ya no necesitamos del Espíritu de Dios para que nos guíe en cada ocasión. Esto es lo que se llama practicar religión y perder la relación.

El Señor considera todo esto como una caída de donde nos tenemos que levantar, y la forma correcta para levantarnos es arrepintiéndonos, dejando que Él entre de nuevo en nuestras vidas y haciendo las primeras cosas. ¿Cuáles son esas primeras cosas? ¿Te acuerdas cuando por primera vez recibiste al Señor y Él se volvió en una realidad en tu vida? Recuerda con qué fervor orabas y aunque no sabías orar lo único que salía de ti era un "te amo, mi Jesús."

Esa es la sencillez que el Señor está buscando de todos nosotros. Que nuestras oraciones no sean esas oraciones largas y aburridas, sino que vuelvan a la normalidad, como un hijo le habla a su querido papá. Que nuestras oraciones no sean esas oraciones fingidas, con llantos pero sin lágrimas, o con voz de eco, o voz de ultratumba, todos ceremoniosos. Debe haber un respeto al hablarlo a nuestro Padre que está en los cielos pero no un miedo o desconfianza.

La Escritura dice en Hebreos 4: 16 "Acerquémonos, pues, confiadamente al trono de la gracia, para alcanzar misericordia y hallar gracia para el oportuno socorro."

Él quiere que volvamos a hacer las primeras cosas, que leamos su Palabra como si fuera la primera vez que la leemos, y leerla no para ver qué le sacamos a Dios, sino más bien para ver qué me saca Él a mí, no para ver a qué promesa me aferro, sino para ver qué versículo obedezco. Aproximarme a su Palabra con el fin de conocer a mi Dios y a Jesucristo, a quien Él ha enviado.

"Y esta es la vida eterna: que te conozcan a ti, el único Dios verdadero, y a Jesucristo, a quien has enviado." Juan 17: 3

Debemos volver a leer su Palabra con aquella pasión del principio, cuando cada versículo que leíamos hacía que nos saltara el corazón quemándonos de felicidad y cuando nos sorprendía lo que Dios nos hablaba.

Debemos comenzar a obedecerle, si su Palabra me dice que levante mis manos para bendecirle (Salmo 134: 2) entonces debemos hacer exactamente eso. O si me dice que lo haga con instrumentos de música (Salmo 150) pues obedecerlo. Si me dice con pandero y danza (Salmo 149:3) pues con pandero y danza. Si me dice que traiga todos los diezmos al alfolí, pues hacerlo así (Malaquías 3:10).

¿Sabes cuál es el problema? Hay demasiada opinión en la Iglesia de Jesucristo y poca obediencia, y quiero decirte que lo último que Dios está buscando son opiniones humanas, Él está buscando obediencia.

Es lo que lo pasó al rey Saúl cuando vino el profeta Samuel y le dijo: "¿Se complace Jehová tanto en los holocaustos y víctimas, como en que se obedezca a las palabras de Jehová? Ciertamente el obedecer es mejor que los sacrificios, y el prestar atención que la grosura de los carneros. Porque como pecado de adivinación es la rebelión, y como ídolos e idolatría la obstinación. Por cuanto tú desechaste la palabra de Jehová, él también te ha desechado para que no seas rey." 1 Samuel 15:22-23

Ya vimos qué dice Apocalipsis 3:20, pero leamos este pasaje nuevamente:

"Mira que estoy a la puerta y llamo. Si alguno oye mi voz y abre la puerta, entraré, y cenaré con él, y él conmigo." Apocalipsis 3:20 (NVI)

Este mensaje no es para los perdidos, es para la iglesia, y la pregunta es: ¿qué hace el Señor afuera de nuestras vidas, de nuestras iglesias y con la puerta cerrada?

Volvamos sinceramente a nuestro primer amor. El primer mandamiento es directo y no es opcional, ni tampoco una sugerencia, es un mandato.

"Jesús le dijo: Amarás al Señor tu Dios con todo tu corazón, y con toda tu alma, y con toda tu mente." Mateo 22: 37.

El Señor debe ser nuestra prioridad número uno. Necesitamos volver a enamorarnos de nuestro Señor, y esto es lo que vamos a estudiar en el siguiente capítulo.

2
Levántate, Señor

La palabra de Dios tiene el poder para revolucionar nuestras vidas y nuestro ministerio.

Cuando comenzamos a leer la Palabra de Dios con verdadera hambre espiritual, no solo para encontrar apoyo a nuestras doctrinas de hombres, sino para encontrar la voluntad de Dios y ponerla en práctica, vamos a encontrar el mismo mensaje desde Génesis hasta Apocalipsis: el Señor quiere ocupar el número uno en todas las áreas de nuestra vida. ¿Por qué? La respuesta es simple, porque Él es lo mejor en todo el Universo, porque Él es la fuente de sabiduría, y porque nos lleva mucha experiencia por delante, ¿no crees?

En el libro de Proverbios 3:5-8 me dice que puedo confiar en el Señor con todo el corazón y que no confíe en mi propia prudencia. Que lo reconozca en todo lo que yo vaya a hacer y Él me va a ir corrigiendo cuando mi rumbo se esté desviando.

En Éxodo 20:3 me dice: "No tendrás dioses ajenos delante de mí."

En Mateo 22:35-38 nos muestra cuál es el primero y más grande mandamiento:

"Amarás al Señor tu Dios con todo tu corazón, y con toda tu alma, y con toda tu mente."

Creo que cuando la Iglesia no hace esto viene aburrimiento, cansancio y mortandad a sus miembros.

La evidencia de que Dios quiere ser el primero en nuestras vidas es arrolladora, eso es lo mejor, eso es lo correcto y eso es lo que nos conviene.

Cuando lo ponemos a Él primero en todo nos vamos a levantar en una nueva pasión, vamos a sentir una nueva frescura en nuestra vida espiritual y va a venir un deseo de hacer Su voluntad por encima de la nuestra.

Por mucho tiempo hemos exaltado los ídolos modernos, hemos exaltado nuestras tradiciones por encima del Evangelio, hemos venerado individuos y denominaciones por encima de nuestro Señor Jesucristo, y creo que debe venir un arrepentimiento sincero a nuestra vida.

Nuestro amor, servicio y ministerio deben ser dirigidos a Dios primeramente, no a los hombres, de otra manera no seremos efectivos en lo que hacemos y no veremos frutos eternos.

Permitimos que todo esto se levante en nuestras vidas y congregaciones menos el Señor.

Dejamos que los celos, divisiones, pleitos, amarguras y mil cosas más se levanten, menos el Señor.

La única forma que toda esta basura salga de nuestras vidas y congregaciones es permitiendo que Dios se levante en medio de nosotros. Eso es lo que nos enseña el Salmo 68:1

"Levántese Dios, sean esparcidos sus enemigos, y huyan de su presencia los que le aborrecen."

Mi oración es que Dios nos abra los ojos y el corazón para que comprobemos cuál es su voluntad y tengamos los deseos de hacerla.

La principal razón por la que no hemos visto realmente a Dios manifestándose es simplemente porque no le hemos ministrado al Señor primeramente. Hemos estado tan ocuparlos con la iglesia y con los perdidos que hemos dejado al Señor fuera de nuestros corazones y planes.

Para que volvamos a ser efectivos y podamos ver a Dios manifestándose en medio de nosotros necesitamos regresar a la fuente de agua viva de Dios. Necesitamos volver a enamorarnos de nuestro Señor Jesucristo en una forma íntima y profunda.

Solo así podremos ser efectivos ante un mundo incrédulo y perdido. Yo creo que es tiempo de dejar de hablar del poder de Dios y empezar a verle desatarse en medio nuestro.

Esta debe ser una verdad que queme nuestros corazones, nuestro primer amor debe ser Dios, no la Iglesia, o los hombres, o la organización a la que pertenecemos. Todo esto lo debemos respetar y debe tener su lugar correcto, paro Dios debe estar realmente como número uno en nuestras vidas y no solo decirlo de palabra.

Para que podamos entender esta tremenda responsabilidad e inmenso privilegio de tener al Señor como número uno en nuestras vidas, primero debemos entender por qué y para qué fuimos creados por Dios.

La palabra de Dios me revela que Dios creó absolutamente todo lo visible e invisible.

Hablando de Jesucristo dice en Colosenses 1:15-18.

"Él es la imagen del Dios invisible, el primogénito de toda creación. Porque en él fueron creadas todas las cosas, las que hay en los cielos y las que hay en la tierra, visibles e invisibles; sean tronos, sean dominios, sean principados, sean potestades; todo fue creado por medio de él y para él.

Y él es antes de todas las cosas, y todas las cosas en él subsisten; y él es la cabeza del cuerpo que es la iglesia, él que es el principio, el primogénito de entre los muertos, para que en todo tenga la preeminencia..."

Todo esto me da a entender que Dios quiere tener el primer lugar en todo, solo Él tiene el derecho a ese lugar y solo Él tiene la capacidad de ocupar ese lugar.

Dios nos declara soberanamente que Él hizo no solo todas las cosas, sino que las hizo para Él, para su placer, para su gozo y para su gloria. Fuimos creados para que absolutamente todo lo que hagamos le dé gloria a nuestro Creador.

"Si, pues, coméis o bebéis, o hacéis otra cosa, hacedlo todo para la gloria de Dios." 1 Corintios 10:31

"Todos los llamados de mi nombre; para gloria mía los he creado, los formé y los hice." Isaías 43:7

Está bien claro: fuimos hechos por Dios, para Él, para que le demos gloria, para que lo amemos y lo adoremos para siempre.

Si Él nos salvó no fue porque necesitaba siervos que le hicieran todos los mandados, ni nos salvó porque necesitaba un ejército que lo defendiera del diablo, no. Él nos salvó primeramente para restaurar la comunión entre Él y nosotros, para regresarnos a su presencia para siempre.

En Romanos 3:23 leemos *"por cuanto todos pecaron, y están destituidos de la gloria de Dios."*

Lo que veo que le molesta al Señor en cuanto al pecado se refiere, es que nos separa de Su gloria y de Su presencia. El hombre fue creado para Dios. Él ama tanto a Jesucristo que quiere llenar toda la Creación con gente que lleve la imagen de su Hijo.

"Porque a los que antes conoció, también los predestinó para que fuesen hechos conformes a la imagen de su Hijo, para que él sea el primogénito entre muchos hermanos." Romanos 8: 29.

Y así como escogió a Israel para que fuera todo un pueblo de reyes y sacerdotes (Éxodo 19:6), así también nos ha escogido a nosotros, y no nos escogió por ser lo máximo, o por nuestras grandes habilidades ni por nuestro despliegue de talentos, sino simplemente porque nos ama.

"No por ser vosotros más que todos los pueblos os ha querido Jehová y os ha escogido, pues vosotros erais el más insignificante de todos los pueblos; sino por cuanto Jehová os amó, y quiso guardar el juramento que juró a vuestros padres, os ha sacado Jehová con mano poderosa, y os ha rescatado de servidumbre, de la mano de Faraón rey de Egipto." Deuteronomio 7:7-8

Dios desea nuestro amor y nuestra compañía, desgraciadamente la mayoría de las veces que nos aproximamos a Él es solo para pedirle cosas. Aclaro, no es malo pedir, pero cuando solo nos aproximamos a Dios para pedirle cosas o favores, ahí as donde, yo creo, no estamos cumpliendo con el propósito para el que fuimos creados. Dios desea que nos acerquemos a Él no solo a pedir, sino que derramemos nuestro amor delante de Su trono para que Él pueda derramar su amor sobre nosotros.

Como Sus hijos nos toca presentarnos delante de Él y ofrecerle toda nuestra adoración. Dios nos quiere para Él, quiere tener con nosotros una relación pura, limpia, transparente y llena de amor.

Cuánto nos hemos equivocado al enseñar que los que se convierten al Señor fueron salvados para servir a Dios, ¡NO! Eso es después. Fuimos salvados primeramente para amar, adorar, alabar y darle gloria a nuestro amado Creador y Padre.

"He aquí, amargura grande me sobrevino en la paz, mas a ti agradó librar mi vida del hoyo de corrupción; porque echaste tras tus espaldas todos mis pecados. Porque el Seol no te exaltará, ni te alabará la muerte; ni los que descienden al sepulcro esperarán tu verdad.

El que vive, el que vive, éste te dará alabanza, como yo hoy; el padre hará notoria tu verdad a los hijos. Jehová me salvará; por tanto cantaremos nuestros cánticos en la casa de Jehová todos los días de nuestra vida." Isaías 38:17-20

El Señor, en su infinita gracia, ha decidido involucrarnos en Su obra para que trabajemos con Él, no para Él. Dios podría evangelizar al mundo entero con tan solo un ángel, pero Él ha decidido involucramos en su obra y que trabajemos juntos para conquistar a nuestra generación.

Ahora bien, la pregunta me surge: ¿cómo vamos a presentar a alguien que no conocemos?

Es verdaderamente ilógico querer hablar de alguien que no conozco, así que tenemos que tomarnos el tiempo necesario para conocer a nuestro Dios. El Salmo 46:10 es bien claro, dice "Estad quietos y conoced que yo soy Dios."

En el evangelio de Lucas 10:38-42 encontramos algo que sucedió en Betania, un pequeño pueblito cerca de Jerusalén. Jesús pasó a visitar a la familia de Lázaro y sus dos hermanas, María y Marta. Y dice la historia que Jesús entró en la casa de ellos. Marta lo recibió, pero corrió a la cocina, sin pasar primero un momento con el Señor, saludarlo, hablar un tiempo con él y escuchar lo que tenía para contar. A ella "se le ocurrió" servirle una cena o cocinarle algo. Esta mujer era la "automática", pues se daba cuerda sola. Nadie le pidió que sirviera ni que cocinara, era más bien la voluntaria, y ¡cómo abundan los voluntarios en el cuerpo de Cristo! Son los que nadie llamó, pero a los que solo se les ocurrió ponerse a hacer cosas para el Señor. Y desde luego ellos también llaman a otros a que les ayuden, y quieren que sirvas aquí y allá sin el llamado específico del Señor. Y acaba siendo una carga para los hombres.

Y la historia continúa diciendo que Marta salió de la cocina, reprendiendo al Señor por descuidado. Imagínate nada más, y luego le dio órdenes para que le diga a María que la ayude.

¡Qué pesada es la gente que reacciona así! Y todo por tener las prioridades al revés. Primero es amor y conocimiento de Dios, y después el servicio.

Yo creo que Jesús no reprendió a Marta por querer servir, sino por tener sus prioridades al revés.

Tenemos que aprender que cuando servimos al Señor como resultado de una relación de amor con Él, el servicio jamás será pesado, ni te va a causar angustia, o ansiedad, como le estaba sucediendo a Marta, sino que va a hacerte sentir muy satisfecho, con paz total y lleno de gozo.

Nuestro primer compromiso con el Señor debe ser amor, no ministerios, ni dones, ni programas, ni mil cosas más.

Estamos como nuestros primeros padres, que se concentraron tanto en el árbol de la ciencia del bien y del mal, que se les olvidó el árbol de la vida. Espero que esto no se vuelva a repetir en nuestra generación.

Cuando la Iglesia está compuesta de muchas Martas y pocas Marías, cuando los miembros no tienen tiempo para estar en la Presencia de Dios, sino que solo ocupan su tiempo para "servir", entonces ahí vas a tener una iglesia media muerta, seca, estéril y legalista.

Y creo que la Iglesia debe ser todo lo contrario a esto. La iglesia de Jesucristo debe estar llena de vida, nunca debe ser una organización muerta, sino un organismo vivo y esto solo viene como resultado de estar en la presencia transformadora de Dios.

A veces es más fácil oír acerca de Dios por boca de otros, que nosotros ir a Él y ver qué es lo que quiere para mi vida. Es más fácil tomar un avión y ver como se mueve Dios aquí y allá que ponerme de rodillas y averiguar qué es lo que quiere para mi vida y mi ciudad.

No digo que no vayamos a otros lugares donde Dios se está moviendo, eso es maravilloso, solo que no lo tengamos como sustituto del inmenso privilegio que tenemos de poder acercarnos cada uno de nosotros, de forma individual, al Trono de la gracia y tener comunión con nuestro Padre celestial.

Jamás debemos estar satisfechos solo con conocimiento de Dios y se nos olvide la vida de Dios. Nunca debemos conformarnos con palabras de hombres de tal manera que se nos olvide la necesidad de oír las palabras llenas de vida de nuestro Señor.

Muchos de nosotros necesitamos volvernos a Dios y permitir que su vida comience a fluir en nosotros de nuevo.

Por eso los fariseos, los escribas y saduceos no reconocieron al Mesías cuando vino y anduvo entre ellos. Sabían lo que el Señor había dicho, pero ni lo conocían, ni sabían lo que estaba haciendo en ese momento y se perdieron el día de su visitación.

La palabra de Dios es bien clara, Jesús primero nos dijo "Vengan a mí..." (Mateo 11:28) y *después* dijo "Id por todo el mundo..." (Mateo 28:19)

3
Restaurando todas las cosas

¿Qué es lo que está pasando en todo el mundo?

¿Por qué tanto canto nuevo? ¿Por qué de repente como que se desaparecieron los solistas y se levantó la alabanza congregacional a niveles nunca antes vistos? La respuesta la encontramos en la Palabra de Dios, en el libro de los Hechos, que 3: 19-21 dice:

"Así que, arrepentíos y convertíos, para que sean borrados vuestros pecados; para que vengan de la presencia del Señor tiempos de refrigerio, y él envíe a Jesucristo, que os fue antes anunciado; a quien de cierto es necesario que el cielo reciba hasta los tiempos de la restauración de todas las cosas, de que habló Dios por boca de sus santos profetas que han sido desde tiempo antiguo." Hechos 3:19-21

Lo que está pasando es que de una forma soberana Dios está literalmente restaurando todas las doctrinas que a través del tiempo se habían perdido. En algún punto de la historia la alabanza y la adoración fue perdiendo el lugar primordial que debe tener en medio de la congregación. El Señor nos está llamando a que tengamos un verdadero entendimiento de lo que significa amarlo con toda el alma, adorarlo en espíritu y verdad, y cuando viene ese nuevo entendimiento se produce un cambio de mentalidad, un cambio aún en la estructura de nuestros servicios.

Hace un tiempo me invitaron a una iglesia a dirigir la alabanza y a predicar. Era una iglesia muy tradicional, donde tienen cada minuto ya programado. Cuando llegué me dieron mi programa: dos minutos para un canto rápido, tres minutos para un anuncio, siete minutos para dos cantos de adoración, cinco para la ofrenda, y veinticinco minutos para predicar, tres minutos y medio para los anuncios y luego tenían todo el tiempo para el cafecito y las galleteas.

Yo me sometí, pero cuando comenzamos con la adoración cayó tal presencia de Dios que los siete minutitos que me dieron no servían para nada, así que busqué con mi vista al organizador del evento, pero lo encontré tan tocado por el Señor que cuando me vio enseñándole el reloj me hizo señas con la mano para que siguiera y me olvidara de su famoso programa. Esa noche el Señor hizo maravillas.

Hemos aprendido cómo funcionan las cosas en la iglesia, dónde poner cada palabra. Sabemos dónde meter un aleluya y un "¿Quién vive?", como así también un "¡A su nombre...!" Ya tenemos cada momento del servicio calculado, y si el Señor se quiere mover pues lo sentimos mucho, pero no podemos permitir eso, ya que no está n el programa. Toda iglesia corre el peligro de caer en ese error, por una o por otra exceso siempre estamos corriendo el peligro de caer en un ritualismo que nos lleva a expulsar al Señor de nuestros servicios y tenerlo afuera tocando la puerta y sin ninguna posibilidad de que entre, porque en nuestros programas no hay lugar para Él.

No digo que no haya un orden en nuestras reuniones, pero debemos estar siempre dispuestos a cambiarlos según nos guíe el Espíritu Santo.

Esta es una de las cosas que Dios está restaurando en su iglesia, su Presencia. Sin ella solo somos actores, actuando religiosamente y jugando a la religioncita. Nos resistimos a creer que Dios ya no está en nuestras reuniones, pero mucha gente entra vacía al servicio y sale igual de vacía, quejándose de que no sucedió nada. ¿Y cómo va a pasar algo si el Señor nunca estuvo allí presente?

Un día Jesús iba caminando con sus discípulos cuando de repente se detuvo y les dijo "ustedes separados de mí nada podéis hacer". Juan 15:5

La gente hoy en día está cansada de ir a la iglesia para mirar a unos cuantos actuar y ellos estar solo de espectadores. Lo que todos quieren ahora es participar.

El Señor está literalmente detenido en el cielo, hasta la restauración de todas las cosas, y una de las principales doctrinas que el Señor está restaurando es la de la alabanza y la adoración.

Isaías 61:11 me da mucha luz sobre esto y nos confirma que verdaderamente el Señor va a restaurar su alabanza en todas las naciones, pues dice: *"Porque como la tierra produce su renuevo, y como el huerto hace brotar su semilla, así Jehová el Señor hará brotar justicia y alabanza delante de todas las naciones."*

Es un hecho que el Señor va a restaurar no solo la justicia, que buena falta nos hace a todos, sino que también va a restaurar la alabanza, y eso es exactamente lo que está sucediendo enfrente de nosotros.

Es importantísimo que la alabanza y la adoración a Dios sean restauradas en toda congregación que se llame cristiana. ¿Por qué?

Por dos razones: primero que nada, porque las Escrituras nos manda alabarle aproximadamente unas 332 veces, nos manda danzar 5 veces, dar voces de júbilo 65 veces, acciones de gracias 135 veces, cantar 287 veces, regocijarme 288 veces, y tocar instrumentos de música 317 veces.

¿No es esto un sobre énfasis que hace la Escritura en cuanto a cómo debemos responderle a Dios por lo que Él es y por lo que ha hecho?

Y la segunda razón: porque es a lo que nos está guiando el Espíritu Santo. Por eso es que ha habido tanto congreso de alabanza en todos lados en los últimos años.

El hombre fue hecho con la capacidad de alabar y adorar, y a continuación quisiera definir sencillamente la diferencia entre la alabanza y la adoración.

"Bueno es alabarte, oh Jehová, y cantar salmos a tu nombre, oh Altísimo; anunciar por la mañana tu misericordia, y tu fidelidad cada noche." Salmos 92:1-2

Alabanza es declarar las maravillosas obras de Dios, como dice el salmo que acabas de leer. Es también anunciar las virtudes de Aquel que nos llamó de las tinieblas a su luz admirable (1 Pedro 2:9). Me atrevería a decir que es una especie de presunción por lo que Dios ha hecho y es capaz de hacer.

La alabanza es una respuesta de nuestro corazón por lo que Él ha hecho con nosotros y en nosotros.

La adoración es una actitud de nuestro corazón, es sumisión, es rendirme a Él, es la respuesta de mi corazón a Su presencia. Para eso se nos dio un espíritu, para estar conscientes de Dios, un alma para estar conscientes de nosotros mismos y un cuerpo para estar conscientes del mundo exterior.

Nuestro Señor verdaderamente está restaurando esta doctrina tan importante en su Iglesia.

El enemigo de nuestras almas nos quiere callados, sentados y todos religiositos en nuestras congregaciones. Yo sé que hay tiempos para estar callados como dice el salmo 46:10, pero también hay tiempos para obedecer a Dios en cuanto a las instrucciones que Él nos ha dado en cuanto a la alabanza a Él. Creo que debemos buscar un balance en las Escrituras, de lo contrario es como los que solo quieren frutos del Espíritu y los otros que solo quieren los dones, pero creo que Dios quiere tanto frutos como dones.

El Señor ni nos quiere solamente callados ni tampoco nos quiere solamente dando gritos y saltando de un lado para el otro. Creo que en el servicio hay un lugar para cada cosa y es muy sencillo, ya que el Salmo 100 nos da el protocolo para aproximarnos ante Su presencia. Como lo dije antes, si los reyes y los mandatarios de cada país tiene su propio protocolo, es decir, una forma de aproximarse y comportarse ante ellos, ¿cuánto más nuestro Dios tiene todo el derecho de decirnos cómo aproximarnos ante Él?

1. Cantad alegres a Dios, habitantes de toda la tierra.
2. Servid a Jehová con alegría;
Venid ante su presencia con regocijo.
3. Reconoced que Jehová es Dios;
Él nos hizo, y no nosotros a nosotros mismos;
Pueblo suyo somos, y ovejas de su prado.
4. Entrad por sus puertas con acción de gracias,
Por sus atrios con alabanza;
Alabadle, bendecid su nombre.
5. Porque Jehová es bueno; para siempre es su misericordia,
Y su verdad por todas las generaciones. **Salmos 100:1-5**

Tanto en el versículo 2 como en el 4 está bien claro, Dios es un Dios de orden, así que no podemos acercarnos a Él como se nos ocurra a nosotros o como a cualquier otro se le antoje. Tenemos que aproximarnos a Él como Él nos lo manda.

Lo primero que nos dice es que entremos por sus puertas con acción de gracias. Si hay algo que Dios espera de nosotros es que seamos agradecidos por todo lo que Él nos ha dado, que en realidad es absolutamente todo. No hay nada peor que una persona malagradecida.

Después nos dice que pasemos por sus atrios con alabanza. Aquí podemos aplaudir, danzar, dar gritos de júbilo, de victoria y de guerra, tocar el pandero, etc. Aquí podemos presumir de nuestro poderoso Señor con cánticos que hablen de sus poderosos hechos.

Pero llega el momento en que Su Espíritu nos llama a dejar los atrios para entrar al mismo trono del Dios Omnipotente para caer postradas ante sus pies y adorarlo como solo Él se merece y como el Salmo 95:6 nos instruye que lo hagamos:

"Venid, adoremos y postrémonos; arrodillémonos delante de Jehová nuestro Hacedor."

Es por esto que cada reunión la empezamos con alabanza y adoración, no es solo porque a alguien se le ocurrió, sino porque ese es el mandato de nuestro Señor, esa es la voluntad de Dios. En Mateo 7:21 dice que el que va a entrar al cielo es el que HACE la voluntad del Padre. Yo sé que al cielo entramos por fe en Jesucristo, por su obra perfecta en la cruz, pero por otro lado viene el balance que el Señor siempre nos da en su Palabra, y ese es que la fe sin obras está muerta.

Una vez que ponemos nuestra fe en el Señor tenemos muchas cosas que hacer, y una de ellas es dejar de dar tanta opinión y empezar a obedecer Su palabra. Tristemente en la iglesia hay mucha opinión y poca obediencia a su Palabra.

No empezamos las reuniones con alabanza y adoración para entretener a nadie ni para esperar a que lleguen los que faltan, sino porque así nos lo ha ordenado el Rey y porque ese es su protocolo para aproximarnos a Él,

La alabanza y la adoración no solo tienen el propósito de darle gloria al Señor, sino que Dios las diseñó de tal forma para que produzcan efectos en nosotros y seamos también bendecidos.

El tiempo de alabanza y adoración es muy importante en cada servicio, ya que prepara nuestros corazones para recibir la preciosa palabra de Dios. Así como se prepara la tierra para sembrar la semilla, la alabanza a Dios viene siendo como el tractor que penetra el suelo por más duro que esté y ablanda el corazón para dejarlo listo con el fin de recibir la palabra de Dios.

La alabanza a Dios viene siendo también como un golpe de estado contra ti mismo, donde has estado llevando tu vida bajo tu propio gobierno, sentado en el trono de tu corazón. Cuando alabas al Señor, lo que haces es ponerte de pie ante Jesucristo y decirle

"Señor, tú siéntate en el trono de mi vida y comienza a gobernar todas las áreas de mi vida." Y cuando Él se sienta, ahí es cuando entra la paz en tu vida. Por eso cuando le alabamos y adoramos viene a nuestra vida tanta paz, porque dejamos de gobernar nosotros para darle el control a la Teocracia (el gobierno de Dios).

La alabanza y la adoración nos quitan los ojos de las circunstancias, de las instituciones religiosas y de los hombres para fijarlos en nuestro Señor Jesús, aún mis ojos son quitados de mí mismo, de mi famoso "YO."

Las cosas que suceden en el ámbito espiritual cuando alabamos al Señor son cosas que ni nos imaginamos, el poder que se desata es un poder que hace maravillas, milagros, liberaciones y sanidades.

Es el tipo de poder que cayó liberando a prisioneros de sus celdas de opresión, de temor, depresión, complejos de todo tipo, toda atadura y cadenas de pasado son rotas, como se relata en el libro de los Hechos en el capítulo 16:24-26:

(El carcelero) *"recibido este mandato, los metió en el calabozo de más adentro, y les aseguró los pies en el cepo. Pero a medianoche, orando Pablo y Silas, cantaban himnos a Dios; y los presos los oían. Entonces sobrevino de repente un gran terremoto, de tal manera que los cimientos de la cárcel se sacudían; y al instante se abrieron todas las puertas, y las cadenas de todos se soltaron."*

En el libro de Esdras vemos que fue la alabanza la que ayudó a desatar el poder para empezar a construir el templo:

"En el año segundo de su venida a la casa de Dios en Jerusalén, en el mes segundo, comenzaron Zorobabel hijo de Salatiel, Jesúa hijo de Josadac y los otros sus hermanos, los sacerdotes y los levitas, y todos los que habían venido de la cautividad a Jerusalén; y pusieron a los levitas de veinte años arriba para que activasen la obra de la casa de Jehová.

Jesúa también, sus hijos y sus hermanos, Cadmiel y sus hijos, hijos de Judá, como un solo hombre asistían para activar a los que hacían la obra en la casa de Dios, junto con los hijos de Henadad, sus hijos y sus hermanos, levitas.

Y cuando los albañiles del templo de Jehová echaban los cimientos, pusieron a los sacerdotes vestidos de sus ropas y con trompetas, y a los levitas hijos de Asaf con címbalos, para que alabasen a Jehová, según la ordenanza de David rey de Israel.

Y cantaban, alabando y dando gracias a Jehová, y diciendo: Porque él es bueno, porque para siempre es su misericordia sobre Israel. Y todo el pueblo aclamaba con gran júbilo, alabando a Jehová porque se echaban los cimientos de la casa de Jehová.

Y muchos de los sacerdotes, de los levitas y de los jefes de casas paternas, ancianos que habían visto la casa primera, viendo echar los cimientos de esta casa, lloraban en alta voz, mientras muchos otros daban grandes gritos de alegría.

Y no podía distinguir el pueblo el clamor de los gritos de alegría, de la voz del lloro; porque clamaba el pueblo con gran júbilo, y se oía el ruido hasta de lejos." Esdras 3:8-13

Cuando se construyó el templo de Salomón, al comenzar la alabanza con toda la orquesta y los cantores, nos dice la Biblia que descendió de tal forma la Presencia de Dios que los sacerdotes tuvieron que salir del templo:

"y los levitas cantores, todos los de Asaf, los de Hemán y los de Jedutún, juntamente con sus hijos y sus hermanos, vestidos de lino fino, estaban con címbalos y salterios y arpas al oriente del altar; y con ellos ciento veinte sacerdotes que tocaban trompetas), cuando sonaban, pues, las trompetas, y cantaban todos a una, para alabar y dar gracias a Jehová, y a medida que alzaban la voz con trompetas y címbalos y otros instrumentos de música, y alababan a Jehová, diciendo: Porque él es bueno, porque su misericordia es para siempre; entonces la casa se llenó de una nube, la casa de Jehová.

Y no podían los sacerdotes estar allí para ministrar, por causa de la nube; porque la gloria de Jehová había llenado la casa de Dios." 2 Crónicas 5: 12-14

En 2 Crónicas 20:19-30 leemos que el pueblo de Israel tenía que enfrentarse a unos enemigos implacables, y el rey, al consultar al Señor, le instruyó y le dijo "la batalla es mía, ustedes solo alábenme y yo me encargo del enemigo." Así lo hicieron y el Señor les dio una gran victoria.

Este es el tipo de poder que se desencadena cuando el pueblo de Dios le alaba con todo el corazón, las batallas de la vida dejan de ser tuyas y comienzan a ser del Señor.

No estoy hablando de prácticas religiosas, ni ritos, ni tradiciones, estoy hablando de gente que ha nacido verdaderamente del Espíritu de Dios, verdaderamente arrepentidos, que han probado de la salvación del Señor y se reúnen para alabar a su Dios, ahí se desata más poder explosivo que ninguna otra fuerza en todo el Universo.

A veces veo a las personas batallando para entrar en la alabanza, tienen problemas entendiendo el propósito de la alabanza. No se dan cuenta que Dios nos está preparando para la eternidad, porque fuimos creados para alabarle y amarle a Él. Isaías 43:7, 21 dice:

"Todos los llamados de mi nombre; para gloria mía los he creado, los formé y los hice."

Y luego más adelante, en el versículo 21 dice así: *"Este pueblo ha creado para mí; mis alabanzas publicará."*

Más claro no se puede, la principal razón por la que el Señor nos salvó es para tener un pueblo que le conozca, le ame, le alabe, le adore y le sirva con todo el corazón, alma y fuerzas.

"Jesús le dijo: Amarás al Señor tu Dios con todo tu corazón, y con toda tu alma, y con toda tu mente. Este es el primero y grande mandamiento." Mateo 22:37-38

La alabanza a Dios no debe estar limitada a cierto grupo de elite o a determinada denominación, sino que es algo que todo hijo de Dios, todo aquel que verdaderamente ha nacido de nuevo debe hacer debido a su nueva naturaleza.

Aun así a muchos cristianos les cuesta alabar al Señor. El principal problema creo que está en el corazón del hombre, porque no es que la persona sea más sofisticada, o más inteligente, o por el carácter, o porque no va con su personalidad, o por el que dirán, es un problema de corazón, de orgullo, de que esa persona no puede rendirse a Él.

Es pura ignorancia, no se dan cuenta de todas las bendiciones que están perdiendo al negarse alabar a la Fuente de su vida. La palabra declara que el pueblo de Dios pereció porque le faltó conocimiento (Oseas 4:6).

Hay gente que cree que la ignorancia los exenta de responsabilidad y todo va a estar bien, pero de acuerdo a Oseas la ignorancia destruye, no excusa, ni exenta.

Todo lo que hacemos en nuestras iglesias, nuestros servicios, el gobierno de le iglesia, la música, absolutamente todo debe tener bases sólidas en la Palabra de Dios. No debernos set títeres de nadie ni robots, sino que todo lo que hacemos en la iglesia debe tener propósitos bíblicos.

Eso es lo que estudiaremos en el siguiente capítulo.

4
Mandatos bíblicos para alabar

En la Iglesia del Señor encuentro demasiadas opiniones: "yo pienso esto", y el otro "piensa aquello", y "nosotros pensamos más allá." Demasiadas voces, pero ¿qué es lo que dice nuestro Señor? ¿Cuál es Su deseo y Su voluntad?

¿Qué es lo que Él quiere? Porque en realidad esto es lo que queremos, Su voluntad, ¿qué dice su Palabra?

Hay bases bíblicas y propósitos por los cuales debemos obedecer al Señor en cuanto a todo lo que hacemos.

Hay un porqué de cada cosa que Él nos manda, y fíjate que mencioné "manda", por la única razón de que Dios nunca nos pide nuestra opinión, ni tampoco lo pone a votación, Él nos dice cuál es Su voluntad y se acabó.

Cuando tenemos la imagen correcta de Dios, la imagen de un Padre amoroso que quiere lo mejor para sus hijos, sus mandamientos dejan de ser mandatos, leyes y estatutos de un dictador opresor y se convierten en promesas para recibir toda clase de bendiciones. Si obedecemos sus mandatos traeremos para nosotros todo tipo de bendiciones, como nos explica muy en detalle en Deuteronomio 28.

Engrandeced a Nuestro Dios

Todo lo que Dios nos manda es bueno y nos conviene, aunque tal vez no lo entendamos al principio. Pero Dios no nos pide que entendamos todo, Él quiere primero que le creamos y confiemos en Él, después le entenderemos.

"Vestido tan sólo con un efod de lino, se puso a bailar ante el Señor con gran entusiasmo. Así que entre vítores y al son de cuernos de carnero, David y todo el pueblo de Israel llevaban el arca del Señor.

Sucedió que, al entrar el arca del Señor a la Ciudad de David, Mical hija de Saúl se asomó a la ventana; y cuando vio que el rey David estaba saltando y bailando delante del Señor, sintió por él un profundo desprecio.

El arca del Señor fue llevada a la tienda de campaña que David le había preparado. La instalaron en su sitio, y David ofreció holocaustos y sacrificios de comunión en presencia del Señor. 18 Después de ofrecer los holocaustos y los sacrificios de comunión, David bendijo al pueblo en el nombre del Señor Todopoderoso, 19 y a cada uno de los israelitas que estaban allí congregados, que eran toda una multitud de hombres y mujeres, les repartió pan, una torta de dátiles y una torta de uvas pasas. Después de eso, todos regresaron a sus casas.

Cuando David volvió para bendecir a su familia, Mical, la hija de Saúl, le salió al encuentro y le reprochó:

—¡Qué distinguido se ha visto hoy el rey de Israel, desnudándose como un cualquiera en presencia de las esclavas de sus oficiales!

David le respondió:

—Lo hice en presencia del Señor, quien en vez de escoger a tu padre o a cualquier otro de su familia, me escogió a mí y me hizo gobernante de Israel, que es el pueblo del Señor. De modo que seguiré bailando en presencia del Señor, 22 y me rebajaré más todavía, hasta humillarme completamente. Sin embargo, esas mismas esclavas de quienes hablas me rendirán honores.

Y Mical hija de Saúl murió sin haber tenido hijos." 2 Samuel 6:14-23 (NVI)

La esposa de David no entendía nada de lo que hacía su marido, criticó severamente la forma en que alababa a su Dios y como resultado quedó estéril para siempre, sin jamás poder tener fruto en su vientre. Y así veo a muchas iglesias que no han entendido el propósito divino del Señor para alabarle.

Mical quedó seca, estéril, y toda amargada por ignorar el propósito de Dios.

Ella acusó a David de haber danzado sin ropa delante de las criadas, pero él se despojó de sus ropas de rey y se puso las de sacerdote (un efod de lino), ya que iba a ministrarle a su Dios. Somos reyes pero también sacerdotes, y hay momentos cuando nos tenemos que quitar las ropas de rey y ponernos las ropas de sacerdotes para ministrarle a nuestro amado Padre.

Al igual que Mical, la religión tiende a exagerar a agrandar todo, y lo que no va de acuerdo a su tradición lo califican como peligroso, del diablo o de las emociones. Y en el nombre de hacer todo en "orden", impiden y apagan cualquier movimiento del Espíritu de Dios. Disciplinan a cualquiera que quiera más de lo que ellos les ofrecen y les ponen el título de "rebeldes."

Este tipo de personas religiosas violan todos los mandamientos del Señor e invalidan Su Palabra por mandatos de hombres. Esclavizan a todos los que llegan a sus rediles y los tienen aterrorizados si aún piensan en irse de sus dominios. Jesús los describe ampliamente en el evangelio según Mateo en el capítulo 23.

Dios no tiene la alabanza y la adoración como algo extra, algo secundario, o algo que en realidad no tiene importancia. Él nos dio la música para que le alabemos y le adoremos, y la misma no tiene nada que hacer en el mundo.

Al caer Lucifer (como se describe en Ezequiel 28: 13-19 e Isaías 14:13-15) cayó la música del cielo, y al caer el hombre cayó la música en la tierra.

Creo que es tiempo de regresarle la música al Señor a través de la alabanza y adoración, y solo la Iglesia de Jesucristo puede recuperar eso y entregársela como Él nos manda en Su palabra.

Bajo la bandera de que son prácticas del mundo todavía se impide el aplaudir, se impide la danza, los panderos, la batería, las guitarras, etc. Pero yo te digo algo: el mundo se las robó a la iglesia y es tiempo de recuperarlas y ponerlas donde pertenecen, en el mismo altar de Dios en medio de nuestras congregaciones.

Me viene a la memoria el incidente que sucedió con Pedro y Juan en el libro de los Hechos capítulo 3. De pronto se les presenta un hombre cojo de nacimiento, que jamás había caminado por sí solo, y al cual sus piernas nunca lo pudieron levantar ni sostener un segundo.

Pedro se enfrenta a él y le dice: "no tengo plata ni oro, mas lo que tengo te doy, en el nombre de Jesús, levántate y anda."

El hombre recibe todo el poder de Dios sobre sus piernas, se pone de pie y comienza a saltar y a alabar al Señor y así entra en el templo, esperando que todos glorificarían a Dios por esta impresionante manifestación del poder de Dios. Desgraciadamente sucedió todo lo contrario, resulta que los religiosos en vez de glorificar a Dios, levantar las manos y adorar al Señor, se enojaron y atacaron a Pedro. Todo el capítulo cuatro de los Hechos relata la tremenda discusión por lo que había sucedido. Pedro no podía creer que esto estaba sucediendo, ¿cómo era posible que estos líderes religiosos estuvieran tan ciegos?

¿Qué cosa puede hacer que alguien dance en el santuario? ¿Qué cosa puede hacer que alguien levante sus manos en total rendición a Dios? ¿Qué cosa puede hacer que alguien llore de alegría?

¿Sabes qué cosa? Yo te voy a decir qué cosa: Aquel que estaba atado al alcohol y de pronto viene el Señor y rompe sus cadenas, liberándolo de esa maldición. Aquel drogadicto que ya no tenía nada por qué vivir, robaba para subsistir, y un gran día viene a su vida el Señor para convertirlo en una nueva criatura y es sacado de esa horrenda prisión.

Todo aquel que ha conocido el poder transformador de Dios sabe lo que es alabar a Dios de verdad.

Y también lo sabe todo aquel que vivía en total ignorancia de Dios pero de repente es sacado de las tinieblas y es trasladado a la Luz del conocimiento de Dios.

Estos son los que en una forma espontánea y de acuerdo a la Palabra de Dios le obedecen, solo de agradecimiento por todo lo que Él ha hecho por ellos. Obediencia por agradecimiento. Así deberíamos responder todos los que decimos que hemos nacido de nuevo y que vamos rumbo al cielo.

Prefiero creer en lo sobrenatural, en milagros, en sanidad, en bautismos en el Espíritu Santo, en hablar en lenguas, en echar fuera demonios, que vivir una religión que se dice ser cristiana, pero está más muerta que el mismo Mar Muerto. Hay religiosos que son anti-esto y anti-aquello, y salen con que ellos no creen en esto y en aquello porque esto "ya no es para este tiempo." Eso se llama RELIGIÓN, un cajón lleno de formas, fórmulas y métodos. Y estas personas conocen a Dios históricamente, como conocemos a Cristóbal Colón, pero no en una forma real y transformadora.

Están coma Saulo de Tarso, quien era tan celoso de su religión que hasta mataba en el nombre de ella, pero en realidad estaba luchando contra Dios (Hechos 7 y 9).

Yo prefiero ver a los jóvenes danzar con toda su fuerza delante del Señor que verlos danzar al ritmo del mundo. Prefiero ver a los jóvenes admirar y tener como héroe y ejemplo a seguir a un Mareos Witt que a un cantante del mundo, lleno de vicios de todo tipo, lleno de orgullo y siervo del diablo.

A veces he oído a cristianos criticar a otro cristiano porque "canta igual que Marcos Witt", y ¿qué? El apóstol Pablo dijo "Sed imitadores de mí." Después cada uno va tomando su propia personalidad, mientras tanto, deja que imiten a los que son dignos de imitar.

Prefiero ver a los jóvenes totalmente prendidos en fuego por el Señor y Su obra, que totalmente inconscientes por la droga.

En realidad esto es lo que el mundo necesita ver, gente totalmente llena del Espíritu Santo, deseosos de hacer la voluntad de Dios y no un montón de religiosos, prohibiendo todo lo que ellos no pueden controlar, o lo que no se les ocurrió a ellos o a su organización. ¡Ya basta de tanta religiosidad!

Dios nos quiere ungir para que le alabemos y así cumplamos con uno de los principales propósitos de nuestra existencia, alabar y glorificar a nuestro Dios por la Eternidad.

"Todo lo que respire, alabe al Señor." Salmo 150:6

La Biblia es bien clara en cuanto a las instituciones que Dios nos da para que le alabemos. Es tan importante que lo hagamos a Su manera para que obtengamos los resultados correctos.

Vamos a comenzar con algunas de las instrucciones que Dios nos da en su Palabra.

En el Salmo 47:1 nos dice "Pueblos TODOS, batid las manos..." Aquí encontramos un mandamiento del Señor para todos los pueblos de la tierra, no solo para Israel.

Algunos han de decir "pero eso de aplaudir es del mundo, eso se hace en los teatros." Pues no, no es del mundo, es un mandato directo del trono de Dios: aplaudir.

El aplauso

Estamos viviendo un nuevo tiempo, Dios tiene tiempos hermosos para nuestras vidas y para nuestras congregaciones siempre y cuando le obedezcamos y lo hagamos a Su manera.

Este no es un tiempo para que nos sentemos y observemos y digamos, "Qué lindo que Dios se está moviendo allá" No, tenemos que involucrarnos.

Los espíritus religiosos te van a decir que estás muy bien así como estás, sin involucrarte. Te hacen pensar que estás en fuego, cuando en realidad estás más frío que los glaciares que están bien al sur de la Argentina.

Te hacen creer que eres profundo, cuando en realidad no has rascado ni la superficie, estás viviendo totalmente engañado.

Al Espíritu Santo le gusta la acción, por eso el libro de los Hechos se llama justamente "HECHOS", porque el Espíritu Santo en nosotros no nos deja estar pasivos.

Entonces, como vimos anteriormente, en el Salmo 47:1 nos dice "Pueblos todos, batid las manos..." Aquí la instrucción que nos da es "Batir las manos."

Los espíritus religiosos quieren que nos mantengamos calladitos y todos religiositos, la tradición religiosa quiere que nos mantengamos ignorantes de nuestra autoridad y de la Fuente de donde fluye toda autoridad.

El Señor Jesucristo ya tenía toda autoridad en el cielo, pero al hacerse carne obedeciendo al Padre hasta la muerte y muerte de cruz (Filipenses 2:5-11) Dios Padre la dio toda autoridad aquí en la Tierra. Él obtuvo todo el derecho a esta autoridad, porque entró a la humanidad por le puerta correcta, la puerta de la carne:

"En el principio era el Verbo, y el Verbo era con Dios, y el Verbo era Dios." Juan 1:1

"Y aquel Verbo fue hecho carne, y habitó entre nosotros (y vimos su gloria, gloria como del unigénito del Padre), lleno de gracia y de verdad." Juan 1:14

Nuestro Señor Jesucristo no invadió este planeta, Él entró por la puerta correcta, la puerta de la carne. En Lucas 1:30-33 vemos que se le anunció a María que en su vientre se iba a formar el cuerpo del Hijo del Altísimo, y su nombre sería Jesús, porque Él salvaría a su pueblo de sus pecados. Sabemos también que lo que en ella era formado era engendrado del Espíritu Santo (Mateo 1:20).

En el libro de Hebreos 10:5 dice: *"Por lo cual entrando en este mundo dice: Sacrificio y ofrenda no quisiste; Mas me preparaste cuerpo."*

"De cierto, de cierto os digo: El que no entra por la puerta en el redil de las ovejas, sino que sube por otra parte, ése es ladrón y salteador. Mas el que entra por la puerta, el pastor de las ovejas es." Juan 10:1-2

Fue Jesús el que entró por la puerta correcta a la humanidad, fue Jesús el que nació de la virgen como lo predijo Isaías 7:14.

Fue Jesús el Verbo de Dios que se hizo carne, y habitó entre nosotros, y vimos su gloria, lleco de gracia y de verdad.

Por eso Él pudo decir en Mateo 28:18-19: "...Toda potestad me es dada en el cielo y en la tierra..."

Él tenía todo el derecho a esta tierra, pues nació como Dios manda. Él vino a rescatar y a salvar lo que se había perdido, y una de las cosas que el hombre había perdido era el derecho de señorear este planeta, porque Dios se lo dio al hombre (Génesis 1: 28), pero luego el hombre se lo entregó a Satanás al obedecer su palabra en vez de la Palabra de Dios (Génesis 3:1-13).

Jesucristo vino a esta tierra, como ya lo hemos visto, para arrebatarle el señorío a Satanás y devolvérselo al hombre (Mateo 28:19-20).

Y si Jesús vino legalmente a esta tierra, Satanás en cambio vino como invasor, pues él es un ilegal y un usurpador. Es como dice Juan, un ladrón y salteador. No tiene ningún derecho a esta tierra, cayó en este planeta como un rayo (Lucas 10:18), y no tiene cuerpo, ni tampoco está legalmente aquí.

En Efesios 4:27 se nos ordena que no le demos lugar al diablo, esto incluye todo el planeta. El único lugar que debe tener es debajo de nuestros pies, pues es ahí donde el Señor lo va a aplastar (Romanos 16:20).

Bueno, has de decir, ¿y qué tiene que ver todo esto con aplaudir las manos?

Pues resulta que el aplauso es ni más ni menos que el sonido de nuestra carne, carne contra carne, y este sonido tiene tremendos efectos en el mundo espiritual.

Primero que nada: estamos ovacionando a nuestro maravilloso Dios por todo lo que Él es y por todo lo que Él ha hecho.

Segundo: estamos recordando, al oír el sonido de nuestra carne, que nosotros tenemos todo el derecho legal a esta tierra que Dios nos entregó para que la labráramos y guardáramos. Es nuestra.

Tercero: le estamos recordando a Satanás que es un ilegal, que no tiene derecho a este lugar y se tiene que ir. Se tiene que ir de nuestra vida, de nuestra familia, de nuestra ciudad, de nuestro país y de este hermoso planeta.

Solo hay un lugar para Satanás, sus diablos y todos aquellos que le sirven, y ese lugar es el lago de fuego, pues ahí serán lanzados (Apocalipsis 20:10).

El sonido de nuestras manos son un recordatorio a Satanás de su terrible futuro, le debe molestar en sobremanera esos aplausos que le damos a nuestro Señor y Dios, ya sean cortos o prolongados, llevando el ritmo de las alabanzas, al terminarlas, o como sea, es el sonido de nuestra carne.

Por eso a los espíritus religiosos los molesta tanto ese sonido y quieren callarlo en el nombre de la decencia, o en el nombre de guardar el orden, o porque no es el lugar apropiado.

Lo único que yo entiendo es que el Señor nos da el mandato de "batid las manos, pueblos todos..." y eso nos debe bastar para obedecerlo.

Es por eso que en los últimos tiempos, como parte de la restauración de todas las cosas, el Señor está trayendo a su iglesia el sonido de la carne, por eso es que ahora hay tantos aplausos en nuestros servicios. Yo he estado en reuniones en donde hemos estado hasta 45 minutos aplaudiéndole al Señor.

Otra de las instrucciones que el Señor nos da está en el mismo versículo del Salmo 47:1: *"Aclamad a dios con voz de júbilo."*

Voz de júbilo

Te has de preguntar ¿y qué tiene que ver dar gritos de júbilo en la iglesia en medio de las congregaciones, en la alabanza?

Bueno, cuando al pueblo de Israel se le permitió regresar del exilio, se les autorizó reconstruir el templo, esto lo encontramos en el libro de Esdras 3:10-11.

Los israelitas sabían que al reconstruir el templo se iba a restaurar la adoración y al restaurar la adoración la presencia de Dios iba a descender en medio de ellos (Salmo 22:3) y al descender la presencia de Dios, todos sus enemigos iban a ser derrotados, sus necesidades suplidas e iba a haber paz en Israel.

De la misma forma el día de hoy miles y miles de cristianos tienen el ardiente deseo de que Dios se manifieste en medio de ellos, que venga ese tan deseado avivamiento que todos anhelamos con toda el alma.

El Señor está visitando esta tierra, nos ha convertido en templos vivos donde habita Su Espíritu Santo y se está restaurando la alabanza y la adoración bíblica.

Por eso es que sin darnos cuenta, los gritos de júbilo de repente empezaron a sonar en medio de nuestras congregaciones, en medio de nuestra alabanza.

No fue algo que planearnos, es algo que soberanamente restauró el Señor en medio do las congregaciones, simplemente lo empezamos a hacer de repente.

Y así como Juan el bautista alzó su voz preparando el camino al Señor para su primera venida, de la misma forma el día de hoy el cuerpo de Cristo está alzando su voz, preparando la pronta venida del Señor por segunda y última vez a esta tierra.

Cuando el Señor Jesús hizo so entrada triunfal en Jerusalén, (Lucas 19:28-44) nos dice que le seguía una gran multitud de sus discípulos, los cuales se gozaban y alababan a Dios con grandes voces, es decir que era una verdadera fiesta la que estaban haciendo y en ningún momento nos dice que le molestó al Señor. Él iba en medio de ellos montando un burrito. Fueron a los espíritus religiosos a los que les molestó y fueron a Jesús para que calmara la situación, pero les salió el tiro por la culata, ya que los dejó fríos con su respuesta, ya que les dijo: "Os digo que si éstos callaran, las piedras clamarían."

Entonces, si Jesús permitió que se dieran voces de júbilo en medio de Él, y los israelitas lo hacían por la primera venida del Señor, ¿cuánto más nosotros lo debemos hacer, ya que su pronta venida se siente tan cerca? Él está a punto de venir por nosotros ¿cómo no hemos de dar voces de júbilo, si pronto estaremos con Él para siempre?

Por lo tanto, voces de júbilo es bíblico y algo que urge en la vida de la iglesia. En el mismo Salmo 47:6 nos da otra de las instrucciones de cómo hemos de alabarle y esa es con mi canto.

Con mi voz

"Canten salmos a Dios, cántenle salmos; canten, cántenle salmos a nuestro rey." Salmo 47:6

Solo en un versículo me manda cuatro veces que le cante. Nuestra voz es el instrumento más increíble que hay en toda la tierra. Yo no sé si te has dado cuenta del regalo tan maravilloso que Dios nos dio al poder hablar y expresar lo que hay dentro de nosotros. Se nos manda cantar porque es a través de nuestro canto que somos guiados a la misma presencia de Dios.

Desde que Israel fue liberado de Egipto hasta el día que Dios nos libere de esta tierra y lleguemos a estar delante de su trono, el canto será un vehículo de alabanza y adoración.

El apóstol Pablo dice que esto me ayuda a ser lleno del Espíritu Santo, y también me dice cómo:

"No os embriaguéis con vino, en lo cual hay disolución; antes bien sed llenos del Espíritu, hablando entre vosotros con salmos, con himnos y cánticos espirituales, cantando y alabando al Señor en vuestros corazones." Efesios 5:18-19

"¿Qué, pues? Oraré con el espíritu, pero oraré también con el entendimiento; cantaré con el espíritu, pero cantaré también con el entendimiento." 1 Corintios 14:15

Y en la eternidad, delante del trono de nuestro Dios también lo estaremos haciendo:

"y cantaban un nuevo cántico, diciendo: Digno eres de tomar el libro y de abrir sus sellos; porque tú fuiste inmolado, y con tu sangre nos has redimido para Dios, de todo linaje y lengua y pueblo y nación" Apocalipsis 5:9

Entonces podemos concluir que el cantarle a nuestro Dios es algo que debemos hacer, pues por toda la Biblia nos manda el Señor que lo hagamos.

Otra de las instrucciones que Dios nos da en su Palabra está en el Salmo 134:2, cuando dice: "Alzad vuestras manos en el santuario, y bendecid a Jehová."

Alzando mis manos

Cuando nosotros levantamos nuestras manos ante Dios estamos reconociendo que Él es mayor que nosotros, es un símbolo de rendición incondicional ante alguien con mayor fuerza que uno mismo.

En el libro de Éxodo 17:8-16, encontramos que Israel se estaba enfrentando a los amalecitas.

Mientras Josué se enfrentaba a ellos, Moisés alzaba sus manos. Cuando Moisés bajaba sus manos, Israel perdía la batalla, pero al levantarlas, Israel ganaba.

Israel finalmente ganó y Moisés edificó un altar y lo llamó Jehová-Nissi, que significa el Señor es mi estandarte de victoria.

El apóstol Pablo le dice a Timoteo: "Quiero, pues, que los hombres oren en todo lugar, levantando manos santas, sin ira ni contienda." (1 Timoteo 2:8)

Nuestras manos representan todo lo que somos y hacemos. Con ellas trabajemos, tocamos, manejamos, abrimos, cerramos, y cuántas otras cosas, hacemos de todo. Al levantarlas estamos levantando todo lo que somos, todo nuestro ser, ya que nos representan. Pablo dice: "manos santas", manos limpias y corazón limpio, esto me habla de santidad en mi ser.

Lo que estoy haciendo cuando yo levanto mis manos en adoración, es decirle al Señor "rindo todo mi ser en santidad a ti que eres mayor que yo, te doy el control de mi vida y te proclamo Señor de cada área de mi vida."

Esta es un área donde muchos batallan. A muchas personas les cuesta levantar sus manos, algunos por vergüenza, otros por el qué dirán, otros por orgullo, otros por ataduras, otros por religiosos, otros porque "así no lo hacemos en nuestra iglesia" y otros por simple ignorancia.

Engrandeced a Nuestro Dios

Cuando tuve mi primer encontronazo con el Señor, allá por el año 1973 en la Ciudad de México, una de las primeras cosas que hice fue levantar mis manos hacia el cielo en total rendición al Señor. No lo leí en le Biblia, no me exhortaron a que lo hiciera, solitas se fueron para arriba ante tal presencia a la que me enfrentaba. Y desde entonces mis manos se van para arriba cada vez que le alabo, cuando oro y cuando estoy en su presencia manifiesta, levanto mis manos rindiéndome a Él. Te aconsejo que levantes tus manos delante de Dios cada vez que puedas, es un inmenso descanso dejar de estar al control de todo y rendirle a Él nuestras vidas.

En los países donde hay monarquía los reyes tienen diferentes castillos donde pasan sus temporadas de verano, de invierno o de vacaciones, y cuando esos reyes están en uno de sus castillos, la bandera de ese país está flameando en lo más alto del mástil, señalando que el rey está morando en ese lugar.

De la misma manera cuando levantamos nuestras manos estamos declarando que el Rey de reyes está morando en nuestros corazones y reinando en nuestras vidas.

Moisés dijo que el Señor era su estandarte, por lo tanto cuando levantamos las manos estamos levantando al Señor, y al levantarlo a Él todos nuestros enemigos son derrotados y son puestos en fuga (Salmo 63:1).

Otro de los mandamientos que el Señor nos da está en 2 Crónicas 5, donde leemos que hay que alabarle con:

Instrumentos musicales

Nos dice que cuando Salomón terminó de construir el templo, introdujo los utensilios, entraron los príncipes de Israel, entró Salomón y los sacerdotes, pero nada sucedió hasta ese momento. Sin embargo, en los versículos 12 al 14 nos dice que cuando empezaron a tocar todos los instrumentos de música, trompetas, címbalos, salterios y arpas, y a medida que alzaban la voz y alababan al Señor, entonces la casa se llenó de la gloria de Dios. A tal grado era tan fuerte la Presencia de Dios que tuvieron que salirse del templo, porque la gloria del Señor había llenado el templo.

En 1 Samuel 16:16 dice que cuando Saúl era atormentado por demonios trajeron a David, quien al tocar su arpa alabando a Dios lograba que Saúl fuera liberado de esa opresión.

Todos los Salmos que David escribió fueron hechos para que se les pusiera música, así que se los entregaban a los músicos principales de Israel para que les compusieran música.

Los profetas del Antiguo Testamento para profetizar pedían que vinieran músicos habilidosos y tocaran sus instrumentos, y venía sobre ellos el manto profético y comenzaban a hablar de parte de Dios (2 Reyes 3:15-16).

El mismo Lucifer fue creado como una orquesta viviente, con tamboriles, flautas y arpas, para que con ellas alabara a su Creador (Isaías 14:11, Ezequiel 28:13). Desgraciadamente este querubín cayó y la Iglesia cree que porque él cayó, también los instrumentos musicales cayeron y que también cayeron en las manos de hombres perversos. Pero esos instrumentos no les pertenecen ni a ellos, ni a Satanás, ni al mundo, le pertenecen a nuestro glorioso Señor y a su Iglesia. Es tiempo que la Iglesia recupere todo lo que ha perdido, incluyendo los instrumentos musicales, que no tienen nada que hacer en el mundo.

En el Salmo 33:2-3 dice que debo acompañar mis cantos con instrumentos musicales. Existe una unción especial en los instrumentos y cuando se toca habilidosamente desciende la presencia de Dios en ese lugar y cosas comienzan a suceder en las vidas de las personas.

Cae un manto de sanidad, o de profecía, o de paz, se prepara el corazón para que Dios haga los cambios necesarios en nuestra vida y venga un conocimiento mayor de Dios y nuestro amor por Él también crezca.

Nuestra voz en cierta forma es un instrumento musical y se convierte en el principal instrumento de adoración a Dios en este planeta.

El Salmo 150:6 dice: "Todo lo que respira alabe al Señor." Y no solo en esta Tierra se le debe alabar con instrumentos musicales, sino que la Palabra de Dios nos revela que también en el cielo se utilizan instrumentos musicales para alabar al Señor.

Juan, el discípulo amado, cuando fue llevado al cielo vio y escuchó que allá también se van a utilizar instrumentos musicales. Esto dice en el libro de Apocalipsis: *"Y oí una voz del cielo como estruendo de muchas aguas, y como sonido de un gran trueno; y la voz que oí era como de arpistas que tocaban sus arpas."* Apocalipsis 14:2

Dios no solo quiere que toquemos instrumentos de música aquí en la tierra, sino que está en sus planes que también lo hagamos en la eternidad.

Otra de las instrucciones quo el Señor nos da en su Palabra está en el Salmo 149:2-3 donde nos dice: *"Alégrese Israel en su Hacedor; los hijos de Sión se gocen en se Rey. Alaben su nombre con danza; con pandero y arpa a Él canten."*

La danza

Este Salmo fue escrito por el rey David, él sabía lo que estaba escribiendo y estaba tan inspirado por el Espíritu Santo como lo estaba cuando escribió el Salmo 23 y el Salmo 91 y todos los demás Salmos que tanto proclamamos diariamente. No sé por qué nos gusta escoger porciones de la Biblia y decimos, "esto me gusta y se acomoda a mis creencias así que lo acepto y lo hago, pero esto otro de acá no me gusta, no va de acuerdo a mis tradiciones así que ni lo acepto ni lo hago." Lo que yo me pregunto es: ¿quién nos pidió nuestra opinión?

¿Por qué tomamos solo una parte y lo demás lo desechamos? ¿Por qué? Esto no tiene nada que ver con que si somos carismáticos o no, o si somos pentecostales o conservadores, o de esta línea o de aquella.

Esto tiene que ver con nuestra obediencia a la Palabra de Dios y a sus mandamientos. Él nos manda alabarlo con la danza, la cual es una expresión corporal del gozo que hay en nosotros, una exteriorización del agradecimiento por la salvación, es dar unos saltos que expresan la felicidad que hay dentro de nosotros por la simple y sencilla razón de que íbamos rumbo al infierno y hoy vamos rumbo al cielo. Estábamos muertos en nuestros pecados, sin esperanza, sin Dios, no sabíamos ni de donde veníamos ni a dónde íbamos, ni sabíamos qué hacer, pero hoy Dios nos ha perdonado.

Dios está con nosotros, conocemos nuestro origen y nuestro destino glorioso, estamos llenos de esperanza, ¿cómo no hemos de obedecerle? ¿Cómo no hemos de expresarle nuestro agradecimiento y felicidad a través de una expresión corporal como la danza? Y al decir danza estoy hablando de saltos limpios de pura alegría con nuestros pies, no de movimientos sensuales con nuestra cintura.

Cuando David escribió este Salmo, él sabía lo que estaba escribiendo, su máximo deseo era el de traer el arca del pacto a Jerusalén, o sea traer la misma Presencia de Dios a su ciudad. En ese tiempo los filisteos se habían robado el arca y la tuvieron secuestrada hasta que ya no la aguantaron más, pues les estaba destruyendo sus ídolos y todos estaban siendo afligidos con tremendas enfermedades (1 Samuel capítulos 4 al 6), así que se deshicieron de ella y desde ese entonces el arca no había estado en Jerusalén.

David estaba teniendo mucha dificultad para avanzar con el arca (la Presencia de Dios). No podía llevarla a Jerusalén porque lo estaba haciendo a su manera, no a la manera de Dios, por esto muchas iglesias no pueden avanzar, no pueden sentir la presencia del Señor por estar haciendo las cosas a su manera o según su tradición. Esto fue hasta que David averiguó en las escrituras cómo es que se debía mover el arca, fue entonces que él pudo avanzar y llegar a Jerusalén.

Yo creo que esta es una gran lección que todos debemos aprender: o lo hacemos a la manera del Señor o no vamos a avanzar en nuestra experiencia con el Señor.

"Entonces dijo David: El arca de Dios no debe ser llevada sino por los levitas; porque a ellos ha elegido Jehová para que lleven el arca de Jehová, y le sirvan perpetuamente." 1 Crónicas 15:2

David se dio cuenta que debían ser levitas los que transportaran el arca y no animales ni tampoco carros, sino hombres.

Finalmente, cuando lograron llegar a Jerusalén, la felicidad de David era tanta que se despojó de sus ropas de rey y se puso las de sacerdote, para luego comenzar a expresarle a su Señor el gozo y agradecimiento que sentía a través de la danza. Fue una expresión corporal y exterior de lo que estaba sintiendo por dentro, sin saber que estaba siendo observado por su esposa.

Dios estaba complacido con David y lo dejó avanzar. Creo firmemente que si Dios se hubiera molestado por las danzas de David, pues lo hubiera fulminado como lo hizo con Uza (2 Samuel 6:6-8). Aquí dice que David danzó con todas sus fuerzas delante del Señor y que estaba vestido con un efod de lino. El Señor estaba complacido con los sacrificios de alabanza de David. En ningún lugar dice que el Señor haya estado molesto con David porque danzó.

Luego de todo esto David colocó el arca en su lugar y despidió a todo el pueblo y se fue a su casa con todo el gozo y la tremenda victoria que había logrado. Pero no se esperaba la sorpresa con la que le recibieron. Él iba con intenciones de bendecir su casa y a su familia, pero en el versículo 20 de 2 Samuel 6 me dice que su esposa lo recibió con un espíritu de burla, de celos, de rechazo y de sarcasmo, ignorando absolutamente lo que Dios estaba haciendo a través de David, su esposo.

Esta actitud de ella tuvo consecuencias devastadoras, quedó estéril hasta el día de su muerte (versículo 23), y quedó sin fruto para el resto de su vida. Creo que no hay peor cosa para un ser humano que el no dar fruto en esta vida, pues para eso fuimos creados. En

Génesis 1:28 Dios nos dio el mandato de fructificar, y ahí es donde encontramos satisfacción, cuando vemos fruto en nuestra vida, ya sea en el trabajo, en la escuela o en la familia, pero esta mujer quedo condenada a una vida sin fruto por burlarse de algo que ignoraba.

Cuando no aceptamos el mover de Dios sino que lo despreciamos, eso nos lleva a la esterilidad espiritual. La iglesia tradicional ha visto con gran desprecio, ya no digamos la danza, sino los diferentes movimientos de Dios en estos últimos tiempos, y el resultado no es de sorprender: van quedando estériles, cayendo en una sequía espiritual, sin nuevos convertidos y sin darse cuenta van muriendo por la falta de la presencia de Dios en medio de sus congregaciones.

Pido al Señor que nuestros corazones estén siempre ardiendo con el fuego santo de su Espíritu, que siempre podamos expresar libremente nuestro agradecimiento y alabanza a Dios y que podamos danzar delante del Señor con toda nuestra fuerza. Dios espera y merece no menos de eso, obediencia y agradecimiento de nuestra parte.

El Salmo 150:4 nos da el mandato de alabarlo con pandero y danza, con cuerdas y flautas.

Si el cojo sanado saltó en alabanzas por el tremendo milagro que Dios había hecho en él, cuánto más nosotros que estamos sanos y nunca hemos tenido el problema de estar paralíticos o imposibilitados de alguna forma.

Algunos han de decir, "pero es que no va de acuerdo a mi personalidad", pues entonces cámbiala. Otros dicen, "pero qué va decir la gente", yo te pregunto, ¿qué va a decir Dios porque no le obedeciste?

5
Nuestra comunión con Dios

Yo creo que Dios en todos los tiempos ha tenido su gente que le ha alabado y obedecido, y creo que siempre el Señor le ha mostrado a Su pueblo el deseo que Él tiene de estar a solas con ellos, el problema que veo os que el hombre no ha tenido tiempo, no ha podido o en realidad no ha querido. Porque como dice el dicho, "querer es poder", ¿o no?

La verdad es que Él desea estar con cada uno de nosotros de una forma individual, solo que presiento que hay demasiada actividad en la iglesia y poco tiempo para estar a solas con nuestro amado Padre celestial.

En Lucas 10:38-42 encontramos la famosa visita del Señor Jesús a la casa de Lázaro, Marta y María. Esta familia tenía una relación especial con el Señor.

En pocos meses el Señor iba a ser crucificado, así que tenía necesidad de comunión, de compañerismo, de platicar y compartir lo que iba a suceder, pero el problema es que nadie tenía el tiempo de escucharlo. Sus discípulos estaban demasiado ocupados o más bien preocupados por obtener un puesto en el nuevo gobierno que iba a establecer Jesús.

Estaban más preocupados por posición que por comunión, y creo que eso pasa en muchos lugares el día de hoy, luchamos por títulos y por nombramientos y se nos olvida que eso debe venir solo, sin buscarlo. La promoción siempre debe venir de Dios mismo, jamás debemos promovernos o anunciar nuestro ministerio, si tenemos que hacer eso entonces me parece que no hay ni llamado ni ministerio.

Jesús ya estaba hablando de su muerte, pero nadie se daba cuenta, nadie le ponía atención, eso le molestaba en sobremanera a Jesús, hasta reprendió a Pedro por su falta de entendimiento y sensibilidad en cuanto a lo que Dios estaba a punto de hacer en la tierra, ni más ni menos que el evento más importante en toda la historia, la muerte del Hijo de Dios y la Salvación de toda la humanidad. Pedro le quiso hacer desistir de la cruz.

"Desde entonces comenzó Jesús a declarar a sus discípulos que le era necesario ir a Jerusalén y padecer mucho de los ancianos, de los principales sacerdotes y de los escribas; y ser muerto, y resucitar al tercer día.

Entonces Pedro, tomándolo aparte, comenzó a reconvenirle, diciendo: Señor, ten compasión de ti; en ninguna manera esto te acontezca.

Pero él, volviéndose, dijo a Pedro: ¡Quítate de delante de mí, Satanás!; me eres tropiezo, porque no pones la mira en las cosas de Dios, sino en las de los hombres.

Entonces Jesús dijo a sus discípulos: Si alguno quiere venir en pos de mí, niéguese a sí mismo, y tome su cruz, y sígame.

Porque todo el que quiera salvar su vida, la perderá; y todo el que pierda su vida por causa de mí, la hallará.

Porque ¿qué aprovechará al hombre, si ganare todo el mundo, y perdiere su alma? ¿O qué recompensa dará el hombre por su alma?

Porque el Hijo del Hombre vendrá en la gloria de su Padre con sus ángeles, y entonces pagará a cada uno conforme a sus obras." Mateo 16: 21-27

A esto yo le llamo falta de sensibilidad por falta de comunión.

Pero volvamos a cuando Jesús visitó a los tres hermanos. Solo una persona entendió lo que estaba pasando en ese momento, María, la hermana de Lázaro y Marta. ¿Por qué? La respuesta la encontramos en el versículo 39:

"María, la cual, sentándose a los pies de Jesús, oía su palabra." Lucas 10:39

Ella fue la única que tuvo tiempo para sentarse y escuchar la voz de su Señor, solo ella pudo entender lo que Dios estaba a punto de hacer, ¿por qué? Porque ella tuvo comunión con Él.

Si Dios nos salvó fue para restaurarnos a Su presencia, como lo dije anteriormente, no solo para trabajar y servir, aunque eso tiene su lugar y su tiempo.

Creo que Marta es un ejemplo perfecto de muchos de nosotros: no nos podemos estar quietos ni un momento, y por esta actitud de activista Marta estaba totalmente equivocada en cuanto a la Presencia de Jesús en su casa. Jesús no quería comer, quería comunión con ellos. Creo que muchas de las cosas que emprendemos no nos las mandó el Señor, simplemente se nos ocurrieron a nosotros.

Por eso es tan importante la comunión. Solo así sabremos cuál es Su voluntad y no estaremos perdiendo el tiempo con proyectos y programas a los que Dios no nos llamó. Solo así tendremos la visión correcta, los motivos correctos y los medios necesarios para completar la tarea que nos mande hacer.

El servir a Dios jamás debe ser un sustituto de nuestra comunión con Él, nada debe sustituir nuestros tiempos preciosos a solas con Él,

"Respondiendo Jesús, le dijo: Marta, Marta, afanada y turbada estás con muchas cosas. Pero sólo una cosa es necesaria; y María ha escogido la buena parte, la cual no le será quitada." Lucas 10:41-42

Primero comunión, segundo servicio, ¿cómo voy a servir a alguien que ni conozco?

Es en la comunión donde recibimos la autoridad para todo lo que hacemos, como en la historia de la resurrección de Lázaro relatada en Juan 11:38-44. Es maravilloso cómo se presentó Jesús a esa tumba. Él no llegó a averiguar la voluntad del Padre ni tampoco llegó a hacer una oración rápida para ver cómo salía de ese enredo. Él llegó a la tumba y dijo "quiten la piedra", porque ya sabía qué hacer. ¿Cómo? Muy fácil, en el versículo 41 está la clave: "Padre, te doy gracias por haberme oído."

Jesús ya había tenido comunión con su Padre. Venía con todo el apoyo del cielo, así que con razón salió Lázaro, con razón los ciegos veían, los leprosos eran sanados, los sordos oían y tantos milagros y maravillas sucedieron en la vida de nuestro amado Salvador. Cuando había una multitud que alimentar nos dice que Él ya sabía qué hacer (Juan 6:5-6), y eso fue debido a la comunión que tenía con el Padre. Queremos unción, queremos maravillas y milagros que acompañen nuestro cristianismo, pero aquí está el gran secreto: comunión íntima con el Padre.

¿Por qué le buscamos por otro lado? La verdad es que está tan claro lo que hizo Jesús, y lo hizo para dejarnos sus pisadas, para que por ahí caminemos. Es muy sencillo, no lo compliquemos.

"Pues para esto fuisteis llamados; porque también Cristo padeció por nosotros, dejándonos ejemplo, para que sigáis sus pisadas." 1 Pedro 2:21

¿Cuál fue el resultado de esta comunión? ¡Lázaro salió vivo de esa fría y oscura tumba!

La comunión con Dios produce vida. Si no tenemos comunión con el Señor, ¿cómo vamos a hacer guerra espiritual?, ¿Cómo? ¿Con qué respaldo? No es un juego andar reprendiendo demonios si no tenemos comunión con nuestro Señor, no nos vaya a suceder lo que le pasó a aquellos hijos de un tal Esceva en Hechos 19:

"Allí, en Éfeso, andaban algunos judíos que usaban el nombre del Señor Jesús para expulsar de la gente los malos espíritus. Decían a los espíritus: «Por el poder de Jesús, de quien Pablo habla, les ordeno que salgan.»

Esto lo hacían los siete hijos de un sacerdote judío llamado Esceva. Pero una vez, un espíritu malo les contestó: «Conozco a Jesús, y también conozco a Pablo, pero ustedes ¿quiénes son?»

Enseguida, el hombre que tenía el espíritu malo saltó sobre ellos y comenzó a golpearlos. De tal manera los maltrató, que tuvieron que huir del lugar completamente desnudos y lastimados." Hechos 19:13-16 (TLA)

El diablo conocía a Jesús y sabía quién era Pablo, pero a ellos no los conocía ni el diablo, ¡qué vergüenza! Sin comunión no hay autoridad, sin comunión no hay dominio.

Volviendo a Lucas 10:42, Jesús le dijo a Marta que María había escogido el estar sentada a sus pies oyendo su palabra. La comunión con Dios, al igual que todas las cosas con Él, es algo que debe nacer de nuestra propia voluntad, eso es lo que nos distingue de los demás habitantes de este planeta, nuestro derecho a escoger, nuestro libre albedrío.

El acercarnos a Dios debe ser algo natural que nazca de adentro. Nadie quiere estar con otra persona a fuerzas, eso es un tormento horrible. Lo mismo con Dios, para eso nos dio la libertad de escoger. De otra forma seríamos autómatas, robots y máquinas insensibles, ya que el corazón no estaría involucrado, ni tampoco la mente ni el alma. Todo nuestro ser debe estar involucrado, eso es lo que el Señor está esperando de nosotros.

"Jesús le dijo: Amarás al Señor tu Dios con todo tu corazón, y con toda tu alma, y con toda tu mente." Mateo 22:37

Por eso Jesús entró a Betania buscando a María (Juan 11:28), porque a María le gustaba estar voluntariamente a los pies de Jesús, oyéndolo y dejando que Él le ministrara. Por eso entró al pueblo buscándola, preguntando por ella. El Padre también busca a aquellos que en una forma verdadera le adoren en espíritu y en verdad (Juan 4:24). Nuestro acercamiento a Dios debe ser algo que escogemos. A Él no lo podemos engañar, pues sabe muy bien lo que hay en nuestro corazón.

Marta estaba muy cargada porque nunca tenía tiempo de estar con Jesús, de todo se preocupaba, era de esas personas que saltan de una preocupación a otra en pocos segundos. En esa ocasión ella estaba ocupada en preparar la comida y en los quehaceres de la casa, pero Jesús le dijo "Marta, Marta, afanada y turbada estas con muchas cosas."

Nuestra comunión con Dios es lo único que nos puede librar de tantos enemigos que tiene la humanidad, y la mayoría son debido a la ausencia de comunión con Dios.

"Venid a mí todos los que estáis trabajados y cargados, y yo os haré descansar. Llevad mi yugo sobre vosotros, y aprended de mí, que soy manso y humilde de corazón; y hallaréis descanso para vuestras almas; porque mi yugo es fácil, y ligera mi carga." Mateo 11:28-30

Jesús claramente nos invita a venir a Él para que recibamos descanso para nuestras almas preocupadas, temerosas, acomplejadas y llenas de inseguridad.

La verdad es que nos conviene venir a Él, pues solo Él es la fuente de vida, de salud, de provisión, de protección. Él es la necesidad más grande que tenemos como seres humanos.

Nuestra comunión con Dios es nuestra mejor medicina contra la ansiedad, ya que su presencia produce: paz, seguridad, confianza, gozo, esperanza… ¡y la lista no tiene fin!

Cuando no tenemos comunión con el Señor tenemos la tendencia a ser exigentes como Marta, y andamos por ahí diciendo: "dile que me ayude…" El no pasar tiempo con el Señor produce una imagen equivocada de Dios: "¿No te da cuidado que me deje servir sola?" (Lucas 10:40).

Este tipo de personas también están sujetos a sus emociones, tienen altas y bajas. Fíjate lo que sucedió con Marta: primero recibe a Jesús muy bien en su casa, pero a los pocos minutos lo está reprendiendo por descuidado. En un momento le demuestra mucha fe diciendo que él es el Cristo, el Hijo del Dios Viviente, pero unas horas después no lo deja ni abrir la tumba de su hermano.

En lugar de desarrollar su comunión con el Señor ella estaba sumamente preocupada por cosas. Se preocupaba por la cena, los platos, la mesa, los vasos, etc. En vez de sentarse a escuchar y ver si Jesús quería cenar, si tenía hambre, si ya había cenado, en fin, ver cuál era Su voluntad.

No porque lo llamamos Señor significa que ya lo conocemos o tenemos comunión con Él. No porque le abrimos el corazón significa que automáticamente ya tengo la gran relación con Él. No porque hago peticiones significa que estoy en comunión con Él. Todo esto es el principio, pero nuestra comunión con Él debe ir en aumento, sobre todo nuestra comunión debe tratar cosas del corazón y no simplemente cosas materiales y actividades terrenales.

Lo primero que necesitamos para tener una comunión con Dios es mantenernos lo más cerca posible de Jesús. Al leer los evangelios leemos que cada vez que se menciona a esta María la encontramos cerquita de Jesús, nunca lejos.

Al estar verdaderamente cerca de Jesús eso nos va a ayudar a ubicarnos en cuanto a quién es Él y quiénes somos nosotros, y eso trae sencillez y humildad de corazón. ¿Por qué? Porque solo al estar en frente de Él y contemplar Su grandeza y ver mi tamañito me ubica en el lado humilde en esta vida. Y Él se agranda en mi visión y se hacen las cosas de la vida mucho más fáciles.

La gloria de todo lo que hacemos le toca solo a Él. La adoración y la alabanza son comida para Dios pero veneno para el hombre, porque no fuimos diseñados para cargar con la gloria que solo le toca a Él. Es mortal para nosotros, no nos queda al papal de Dios a ninguno de nosotros los seres creados, solo hay un Dios y Él está en el cielo y nosotros acá abajo en la tierra. Esto me lo enseñó nuestro amado hermano Wayne Myers, misionero en México y papá espiritual de multitudes, me acuerdo que siempre me decía: "Nunca toques la gloria de Dios, no la toques, eso solo es de Él."

Cómo le doy gracias a Dios por ese hombre y su familia, porque siempre nos han bendecido y enseñado a vivir para dar. Ese ha sido siempre su estilo de vida.

En esta vida nueva con el Señor no debe haber lugar para el orgullo, la soberbia, la altivez o un espíritu de superioridad, ya que estos siempre se van a oponer a que tengas una verdadera comunión con tu Señor.

La actitud y posición de María nos enseñan humildad, agradecimiento y reverencia a Dios, tres actitudes que siempre van a ayudarte a desarrollar una comunión sana con nuestro Señor. Fíjate que ella siempre estuvo a los pies de Jesús, nunca exigió sentarse a su derecha o a su izquierda.

La única posición que le interesaba era estar a los pies de su Jesús. ¡Qué gran lección!, ¿no crees?

Jesús encontró en María algo bien raro de encontrar entre la raza humana, un corazón dispuesto a escuchar.

En el Reino de los cielos primero es comunión y después posición, todo lo contrario de lo que pasa en el reino de los hombres.

Fíjate lo que hizo María en otra ocasión:

"Seis días antes de la pascua, vino Jesús a Betania, donde estaba Lázaro, el que había estado muerto, y a quien había resucitado de los muertos. Y le hicieron allí una cena; Marta servía, y Lázaro era uno de los que estaban sentados a la mesa con él.

Entonces María tomó una libra de perfume de nardo puro, de mucho precio, y ungió los pies de Jesús, y los enjugó con sus cabellos; y la casa se llenó del olor del perfume.

Y dijo uno de sus discípulos, Judas Iscariote hijo de Simón, el que le había de entregar: ¿Por qué no fue este perfume vendido por trescientos denarios, y dado a los pobres?

Pero dijo esto, no porque se cuidara de los pobres, sino porque era ladrón, y teniendo la bolsa, sustraía de lo que se echaba en ella.

Entonces Jesús dijo: Déjala; para el día de mi sepultura ha guardado esto. Porque a los pobres siempre los tendréis con vosotros, mas a mí no siempre me tendréis." Juan 12:1-8

Marta sirviendo, Lázaro sentado. Judas y los otros discípulos enojados y criticando por lo que esta mujer estaba haciendo, ya que lo consideraban un desperdicio y hasta la han de haber llamado mística y quién sabe qué otras cosas le habrán dicho. Pero se ve que a Jesús le agradó, pues regañó a todos y la defendió.

Solo la comunión con Dios nos puede dar una visión real del corazón de Dios. La comunión con Dios nos va a sacar do lo bueno hacia lo excelente.

La comunión con Dios nos va a trasladar de lo urgente a lo importante, de lo insignificante a lo realmente valioso. Y de lo temporal a lo eterno.

Uno de mis pasajes favoritos en la Biblia se encuentra en el libro de Hebreos, donde dice:

"Por tanto, teniendo un gran sumo sacerdote que traspasó los cielos, Jesús el Hijo de Dios, retengamos nuestra profesión.

Porque no tenemos un sumo sacerdote que no pueda compadecerse de nuestras debilidades, sino uno que fue tentado en todo según nuestra semejanza, pero sin pecado.

Acerquémonos, pues, confiadamente al trono de la gracia, para alcanzar misericordia y hallar gracia para el oportuno socorro." Hebreos 4:14-16

Acerquémonos a Dios confiadamente.

6
¿Es Dios celoso?

Es increíble creer que nuestro Dios es un Dios celoso, ya que para nosotros los celos son ese monstruo en nuestros sentimientos que verdaderamente llega a destruir las relaciones entre dos personas.

El Señor en el Monte Sinaí le dio los Diez Mandamientos a Moisés, esto lo encontramos en el libro de Éxodo 20:1-6. Lo primero que nos manda el Señor es que no tengamos dioses ajenos delante de Él. ¿A qué se refería el Señor con dioses ajenos?

Cuando el Señor habla de dioses ajenos, se está refiriendo simple y sencillamente a un sustituto de Dios o un suplemento. También se les conoce como ídolos.

Dios trajo tremendo juicio sobre los ídolos de Egipto y aun así Israel insistía en adorarlos o mezclarlos en la adoración de Dios, porque lo que sucedía era que no siempre abandonaban al Señor, sino que lo juntaban con Moloc, Baal, y Astarot.

Y desde luego, el Dios del Universo no estaba dispuesto a compartir su gloria con ninguna piedra o pedazo de madera por más preciosas que fueran.

Estas personas insistían en tener algo a la vista, no podían confiar en Dios por fe, y al hacer esto estaban negando la persona de Dios, estaban desobedeciendo directamente la ley de Dios y estaban también desafiando su autoridad.

Como hombres nos volvemos tolerantes con muchas cosas aun cuando sabemos que están mal, y a veces como es parte de la cultura de los diferentes pueblos creemos que no es tan malo. Pero de acuerdo a lo que leemos en Éxodo 20 vemos que Dios no es nada tolerante con aquello que intente tomar su lugar.

El Señor trajo las tremendas plagas sobre Egipto usando exactamente todo lo que adoraban, como el Río Nilo, el cual lo convirtió en sangre, adoraban a las ranas, a los piojos, las moscas, el granito, y con esto precisamente los juzgó y trajo liberación al pueblo de Israel después de 430 años de esclavitud (Éxodo capítulos 7 al 12).

El Señor, al decir en Éxodo 20 "Yo soy tu Dios que te saqué de la casa de Egipto, de casa de servidumbre" me está diciendo que Él es mi creador, Él es mi libertador, Él es todo lo que yo necesito y solo Él es digno de mi admiración, de mi alabanza y de mi adoración. Le pido al Señor que por favor nos abra los ojos en este asunto tan delicado y cuyos resultados pueden ser tan desastrosos para la eternidad de millones de personas si no logramos entenderlo. Entendamos que Dios no está dispuesto a compartir su posición con nadie ni con nada.

Cuando Dios estaba llenando la tierra con todas las cosas, para crear a los peces le habló a las aguas y les dijo "produzcan las aguas seres vivientes..." y fueron todos los animales marinos. Cuando quiso crear las plantas, hizo lo mismo, le habló a la tierra y la tierra produjo toda la hierba verde. (Génesis 1:11).

Cuando quiso crear a las bestias del campo le habló a la tierra y la tierra le obedeció produciendo todos los animales que se mueven sobre la faz de la tierra (Génesis 1:24-25).

Pero cuando el Señor quiso hacer al hombre no le habló ni al agua ni a la tierra, Dios Padre le dijo al Hijo y al Espíritu Santo

"Hagamos" (Génesis 1:26). Esto me dice que como hombres no pertenecemos ni al reino mineral, ni al reino vegetal, y mucho menos al reino animal, como tanto nos han enseñado.

El hombre ha estado de acuerdo con esta teoría diabólica de le evolución y la ha tomado como algo verdadero, ya que eso aparentemente lo excluye de la responsabilidad de su Creador. Pero la verdad es que como hombres pertenecemos al Reino de los Cielos, nuestro origen es el mismo corazón de Dios. Allí fuimos diseñados por la mente de nuestro Padre celestial, quien nos hizo a cada uno de nosotros con nuestras propias características pero a Su imagen. Somos un espíritu que tiene un alma y vive en un cuerpo, somos tan diferentes a los animales y al resto de la creación.

Espero que logremos entender que la fuente de nuestra vida no es ni la tierra, ni el agua, ni el aire: la fuente de nuestra vida es Dios mismo. No somos el producto de una gran explosión, el famoso "Big Bang", o sea la explosión de una gran estrella. Nosotros somos el producto de una gran explosión, pero del amor de Dios, pues desde ahí fuimos concebidos.

Aquí encuentro algo sumamente revelador y espero que el Señor te lo revele también a ti si todavía no lo ha hecho. Encuentro aquí un principio de vida muy importante: para que algo pueda subsistir necesita mantenerse conectado a la fuente de donde proviene:

Por ejemplo, el pez proviene del agua, y son las aguas la fuente de donde provino, entonces el pez necesita mantenerse conectado a las aguas. Un pez no puede decir, "ya me cansé de estar mojado", sacudirse el agua y tirarse en la arena a tomar el sol. ¿Qué le pasaría? Se muere, porque se desconectó de la fuente de donde provino, el agua. Lo mismo sucede con una planta, no puede decir "este terreno está muy seco", y tampoco puede levantar sus raíces y cambiarse a otro lado más húmedo. ¿Qué le pasaría si de pronto pudiera hacer eso? Desde luego que se secaría, pues tiene que estar conectado con la fuente de vida de donde proviene, la tierra.

Por eso es que los animales están todo el día comiendo, como las vacas que comen y comen todo el día, porque tienen que estar conectados a la fuente de donde provienen, la tierra.

Y con el hombre es igual, tiene que estar conectado a la Fuente de donde proviene, Dios mismo. Cuando levantamos nuestras manos nos conectamos, y también al aplaudirle, al orar, al alabarlo, al leer su Palabra, cuando vamos a la Iglesia, al obedecerlo, todo eso nos conecta a la Fuente de nuestra vida y recibimos Su Vida, somos grandemente bendecidos al hacer esto. Tenemos que entender que todo lo que Dios nos manda en su Palabra es para darnos vida.

Y ya que la Fuente de nuestra vida es Dios mismo, la Biblia dice que Dios es Espíritu (Juan 4:24), por tanto tenemos que adorarlo con nuestro espíritu, de espíritu a Espíritu. No debemos adorar una madera, o algo de piedra, o de papel, porque ninguna de esas cosas son la fuente de nuestra vida, sino Dios mismo.

Lo único de nosotros que está hecho de la tierra es nuestro cuerpo, sin embargo es toda una obra de ingeniería verdaderamente impresionante: nuestro cuerpo es una obra maestra del arte de nuestro Creador.

Lo de adentro, nuestra alma y nuestro espíritu vienen directamente de Dios, traemos el soplo eterno de Dios en nosotros, ese mismo soplo que dijo "sea la luz", y fue la luz. (Génesis 1:3).

Y ya que esto es verdad, es realmente una tristeza que el hombre, entrando ya en el tercer milenio y con toda la tecnología tan avanzada, habiendo ya caminado en la Luna, todavía se postre ante ídolos.

A través del Antiguo Testamento encontramos a Dios demandándonos la alabanza y adoración únicamente para Él. En 1 Reyes 18, Salmos 115, Isaías 46 y Jeremías 2 vemos que Dios condena enérgicamente la idolatría.

El Señor siempre ha aborrecido la adoración a otros dioses, lo desprecia y siempre lo ha castigado. Vienen maldiciones sobre los pueblos que lo practican.

¿Por qué fue Dios tan severo con Israel por la idolatría que practicaban? Porque era una amenaza para el plan de salvación que Dios tenía para el mundo entero.

Aquí no estamos hablando si una religión es mejor que la otra, sino que estamos hablando que solo hay una sola fe real y verdadera, y esa es la que nos enseña la Palabra de Dios, la fe en Dios, y cuando hablo de Dios estoy hablando del Dios responsable por la creación del Universo y de todas las cosas que hay en él, incluyendo las leyes que lo gobiernan. Cualquier otro dios menor que este no puede ser el único Dios verdadero.

"Y esta es la vida eterna: que te conozcan a ti, el único Dios verdadero, y a Jesucristo, a quien has enviado." Juan 17:3

El hombre ha luchado con esto desde que le obedeció a la serpiente en el jardín del Edén. Ha querido eliminar a su Creador, para no tener que luchar contra su conciencia o cualquier tema moral que no le guste. Por eso el hombre tiende a hacer una de dos cosas: o trata de eliminar a Dios diciendo que Dios está muerto, o trata por lo menos de rebajar a Dios a su propia imagen, para poder hacer su propia moralidad.

Pero muy dentro de nosotros sabemos el bien y el mal, conocemos lo equivocado y lo correcto. Esto es lo que se conoce como la Ley Moral, es algo con lo que nacemos, simplemente está dentro de nosotros, es una ley puesta en nuestros corazones por nuestro Creador. Así como en el Universo existen leyes que gobiernan su funcionamiento físico, como las leyes de Química, Física, Matemáticas, Electricidad, Gravedad y muchas otras. Todos los comportamientos del espacio, del tiempo, de la energía y de la materia, todo es controlado por leyes.

Todos sabemos que estas leyes existen y están en plena operación. Y si existen todas estas leyes, tamo físicas como morales, entonces existe un Dador de leyes: Dios el Creador.

¿Por qué abandonó Israel a su Creador y todos los privilegios espirituales que tenían?

Y vaya que tenían privilegios de parte de Dios. El apóstol Pablo nos habla de los sorprendentes privilegios que tenían como pueblo escogido por Dios:

"que son israelitas, de los cuales son la adopción, la gloria, el pacto, la promulgación de la ley, el culto y las promesas; de quienes son los patriarcas, y de los cuales, según la carne, vino Cristo, el cual es Dios sobre todas las cosas, bendito por los siglos. Amén." Romanos 9:3-5

¡Qué bárbaro, qué privilegios! Pero ellos abandonaron todo esto solo para quedar bien con sus vecinos y ser "normales" como ellos. ¡Qué locura!

La idolatría no es tan inofensiva como parece, es un pecado que trae consecuencias terribles a nivel individual, familiar, nacional e internacional.

Afecta tu conducta, cambia tu carácter y dejas de cumplir el propósito de Dios para tu vida. Los israelitas dejaron de ser luz para las naciones gentiles, y así fue como abandonaron revelar la gloria del único Dios verdadero.

Cuando esto sucedió el resto del mundo se quedó sin testimonio y sin ejemplo a seguir. Fueren robados de todas las bendiciones que Dios tenía para ellos y se convirtieron en un ejemplo del castigo de Dios hasta el día de hoy.

Existe una diferencia abismal entre el Dios Creador del Universo, y los dioses o ídolos.

Hay un Salmo que verdaderamente deja al descubierto la falsedad de los ídolos y los pone al desnudo delante de todos. Ese es el Salmo 115, y yo quisiera que veamos la primera parte aquí para que lo leas detenidamente y que Dios te de revelación de todo lo que el hombre es robado y engañado cuando adora estos ídolos.

"No a nosotros, oh Jehová, no a nosotros, Sino a tu nombre da gloria, Por tu misericordia, por tu verdad.

¿Por qué han de decir las gentes: Dónde está ahora su Dios?
Nuestro Dios está en los cielos; Todo lo que quiso ha hecho.
Los ídolos de ellos son plata y oro, Obra de manos de hombres.
Tienen boca, mas no hablan; Tienen ojos, mas no ven;
Orejas tienen, mas no oyen; Tienen narices, mas no huelen;
Manos tienen, mas no palpan; Tienen pies, mas no andan; No hablan con su garganta.
Semejantes a ellos son los que los hacen, Y cualquiera que confía en ellos."

Esto suena como una burla de parte del rey David, pero en realidad nos está mostrando lo trágico del adorar ídolos como si fueran verdaderos dioses.

Vamos a ir uno por uno, para que veamos todo lo que se pierde el hombre por estar adorando a estos sustitutos y no adorar al único Dios verdadero.

Primero que nada dice: **tienen boca, mas no hablan.**

Estos ídolos no te pueden dar ninguna promesa, ya que no hablan. Sin embargo el Dios de Israel es un Dios que habló a través de Moisés, Josué, Samuel, David, todos los profetas, su Hijo Jesucristo, los apóstoles. Uno de los versículos que me gusta mucho está en el libro a los Hebreos, donde nos dice:

"Dios, habiendo hablado muchas veces en otro tiempo a los padres por los profetas, en estos postreros días nos ha hablado por el Hijo, a quien constituyó heredero de todo, y por quien a sí mismo hizo el universo." Hebreos 1:1

Y todo lo que nos ha hablado han sido pactos, promesas, mandamientos, estatutos, guía, consuelo, etc. Y es un Dios que cumple todo lo que Él ha prometido (Números 23:19).

¿Alguna vez te has imaginado lo que sería vivir (o tratar de vivir) sin las promesas de nuestro Señor, sin saber por ejemplo que Él nos puede limpiar de nuestros pecados, sin saber cómo llegar a Dios, si hay un cielo o no, qué pasa después de la muerte? Sería verdaderamente horrendo y confuso. Bueno, pues así viven los que adoran ídolos que tienen boca pero no hablan, no prometen nada, no hay revelación. ¡Qué robo, qué pérdida! ¿Cómo sería el cristianismo si Dios no nos hubiera hablado como nos ha hablado? Piénsalo. Ni existiría.

No sabríamos cómo se formó el Universo, cómo nos hizo a nosotros, no sabríamos absolutamente nada. ¡Que confusión!

Segundo, dice acerca de los ídolos: **tienen ojos, mas no ven.**

O sea que no me pueden ofrecer cuidado, al no verme no me pueden proteger, no saben dónde estoy o qué necesito, no saben cuándo rescatarme.

El Salmo 32:7-8 dice:

"Tú eres mi refugio; me guardarás de la angustia; con cánticos de liberación me rodearás. Te haré entender, y te enseñaré el camino en que debes andar; sobre ti fijaré mis ojos."

¡Que tranquilidad el solo saber que el Señor tiene sus ojos puestos en mi vida y no me los quita de encima!

El Salmo 34:16 dice:

"Los ojos de Jehová están sobre los justos, y atentos sus oídos al clamor de ellos."

Qué pérdida tan horrible el servir a ídolos que tienen ojos y no ven, que no me pueden proteger, ¡qué inseguridad!

Con razón Pedro escribió este mismo Salmo en su primera carta (1 Pedro 3:12), pues si alguien sabía de protección ese era Pedro cuando lo rescató el Señor de hundirse en las aguas del mar de Galilea. Mateo 14:25-31 dice que al instante Jesús extendió su mano y lo salvó de ahogarse.

En otra ocasión Pedro iba a ser ejecutado al amanecer, pero el Señor envió su ángel para rescatarlo (Hechos 12:4-11).

El Señor nos promete protección las 24 horas del día, en el libro de Josué 1:5 y 9 nos dice:

"Nadie te podrá hacer frente en todos los días de tu vida; como estuve con Moisés, estaré contigo; no te dejaré, ni te desampararé.

Mira que te mando que te esfuerces y seas valiente; no temas ni desmayes, porque Jehová tu Dios estará contigo en dondequiera que vayas."

Solo en nuestro Dios hay protección real.

Tercero, dice que **orejas tienen, mas no oyen.**

Esto indica que aquí hay otra terrible pérdida, ya que con los ídolos no puede haber petición porque simple y sencillamente no pueden escuchar.

En el libro de Hebreos 4:16 dice que nos podemos acercar confiadamente al trono de la gracia para alcanzar misericordia y hallar gracia para el oportuno socorro.

En Jeremías 33:3 dice que clamemos a Él y Él nos responderá.

¿Te puedes imaginar cómo sería el servir a Dios, cantarle, orar, pero que Él no pudiera oírme? ¡Qué pérdida de tiempo!

Cuarto, dice que **tienen nariz, mas no huelen.**

Esto me dice que no hay percepción. En Génesis 8:21 dice:

"Y percibió Jehová olor grato; y dijo Jehová en su corazón: no volveré más a maldecir la tierra por causa del hombre; porque el intento del corazón del hombre es malo desde su juventud; ni volveré más a destruir todo ser viviente, como he hecho."

Lo que el Señor percibió aquí fue el sacrificio hecho por Noé. Dios se deleita cuando su gente le alaba, le adora y le ofrece lo mejor que tiene en su corazón.

Pablo nos dice que cuando recibió la ofrenda misionera de los filipenses la recibió como un olor grato a Dios. Cada ofrenda que damos, cada diezmo que pagamos sube como un olor grato para el Señor (Filipenses 4:18).

En el libro de los Hechos 10:4, el ángel que se le apareció a Cornelio le dice que tanto sus oraciones como sus ofrendas habían subido para memoria delante de Dios. Como sube un olor fresco, agradable a nuestra nariz, nuestro Dios percibe todo lo que hacemos, tiene memoria de ello y tiene recompensa.

¿Cómo sería adorar un dios muerto y saber que todo lo que hiciste no fue ni recibido, ni se dio cuenta, ni será reconocido, ni habrá recompensa jamás?

¡Qué pérdida de tiempo y de esfuerzos!

Quinto, nos dice: **manos tienen, mas no palpan.**

Qué terrible situación tener manos pero que no puedas hacer nada con ellas. Así mismo es con los ídolos, pues las tienen de adorno solamente. Las manos te ayudan a sacar todas las habilidades que hay en ti, como lo vimos en un capítulo anterior. Las manos representan y expresan todo el poder que hay dentro de nosotros.

En Jeremías 14:22 el Señor nos hace una pregunta: *"¿Hay entre los ídolos de las naciones quien haga llover? ¿Y darán los cielos lluvias? ¿No eres tú, Jehová, nuestro Dios? En ti, pues, esperamos, pues tú hiciste todas estas cosas."*

Es Su mano de poder la que sostiene todas las cosas, es Su mano la que hace que todo subsista. Hay un Salmo que es una de las porciones de la Biblia que más me gusta, porque me dice:

"Ahora conozco que Jehová salva a su ungido: Lo oirá desde sus santos cielos. Con la potencia salvadora de su diestra.

Estos confían en carros, y aquellos en caballos; mas nosotros del nombre de Jehová nuestro Dios tendremos memoria.

Ellos flaquean y caen, mas nosotros nos levantamos, y estamos en pie." Salmos 20:6-8

Me encanta la parte donde dice "la potencia salvadora de su diestra", esto me habla de la habilidad que tiene Dios con sus manos para resolver cualquier situación o necesidad en la que nos podamos encontrar. Todo su poder se desencadena a través de sus manos.

En el libro de Jeremías hay todo un capítulo acerca de los ídolos y voy a poner parte aquí para que lo leas y llegues a tu propia conclusión.

Jeremías 10: 3-16 dice:

"Porque las costumbres de los pueblos son vanidad; porque leño del bosque cortaron, obra de manos de artífice con buril. Con plata y oro lo adornan; con clavos y martillo lo afirman para que no se mueva.

Derechos están como palmera, y no hablan; son llevados, porque no pueden andar. No tengáis temor de ellos, porque ni pueden hacer mal, ni para hacer bien tienen poder. No hay semejante a ti, oh Jehová; grande eres tú, y grande tu nombre en poderío.

¿Quién no te temerá, oh Rey de las naciones? Porque a ti es debido el temor; porque entre todos los sabios de las naciones y en todos sus reinos, no hay semejante a ti. Todos se infatuarán y entontecerán. Enseñanza de vanidades es el leño.

Traerán plata batida de Tarsis y oro de Ufaz, obra del artífice, y de manos del fundidor; los vestirán de azul y de púrpura, obra de peritos es todo. Mas Jehová es el Dios verdadero; él es Dios vivo y Rey eterno; a su ira tiembla la tierra, y las naciones no pueden sufrir su indignación.

Les diréis así: Los dioses que no hicieron los cielos ni la tierra, desaparezcan de la tierra y de debajo de los cielos. El que hizo la tierra con su poder, el que puso en orden el mundo con su saber, y extendió los cielos con su sabiduría; a su voz se produce muchedumbre de aguas en el cielo, y hace subir las nubes de lo postrero de la tierra; hace los relámpagos con la lluvia, y saca el viento de sus depósitos.

Todo hombre se embrutece, y le falta ciencia; se avergüenza de su ídolo todo fundidor, porque mentirosa es su obra de fundición, y no hay espíritu en ella. Vanidad son, obra vana; al tiempo de su castigo perecerán.

No es así la porción de Jacob; porque él es el Hacedor de todo, e Israel es la vara de su heredad; Jehová de los ejércitos es su nombre."

Tal vez estés pensando que esto sucedió hace mucho tiempo, y que el día de hoy esto ya no se aplica, después de todo somos los hombres del tiempo moderno, ya terminó el siglo 20, el tercer milenio ya está enfrente de nosotros, los ídolos quedan allá aislados en alguna tribu escondida del África.

Desgraciadamente esto no es así y hoy más que nunca han proliferado todos estos dioses falsos en todos los continentes de la tierra. No hay nación, ciudad o pueblo que pueda escapar de todos estos ídolos que tanta maldición han traído sobre la tierra. No tienen el más mínimo poder para hacer nada, sin embargo veo que para el hombre es muy cómodo tener un dios así, ya que con solo ofrecerle el sacrificio que le demanda puede seguir viviendo como mejor le parezca sin que le moleste a su conciencia, sin darse cuenta del daño eterno al que se va a enfrentar por rechazar la verdad y creer la mentira. Estos dioses no tienen poder para hacer nada, son vanos, vacíos e inútiles.

Sexto, **tienen pies, mas no andan.**

Si ni ellos mismos se pueden trasladar, mucho menos nos podrán llevar a nosotros. Cada uno de estos dioses tiene su propio día cuando se les festeja y sus seguidores los tienen que visitar y cargar para sacarlos a que den una vuelta por el pueblo o la ciudad. Qué horrible tener un dios que tú tienes que cargar, pero qué glorioso es tener un Dios que te carga a ti.

Hablando de esto, el profeta Isaías nos da luz en cuanto a este problemita que tienen los dioses falsos:

"Bel se inclina, Nebo se somete; sus ídolos son llevados por bestias de carga. Pesadas son las imágenes que por todas partes llevan; son una carga para el agotado. Todos a la vez se someten y se inclinan; no pudieron rescatar la carga, y ellos mismos van al cautiverio.

«Escúchame, familia de Jacob, todo el resto de la familia de Israel, a quienes he cargado desde el vientre, y he llevado desde la cuna. Aun en la vejez, cuando

ya peinen canas, yo seré el mismo, yo los sostendré. Yo los hice, y cuidaré de ustedes; los sostendré y los libraré.

¿Con quién vas a compararme, o a quién me vas a igualar? ¿A quién vas a asemejarme, para que seamos parecidos? Algunos derrochan oro de sus bolsas y pesan plata en la balanza; contratan a un joyero para que les haga un dios, y ante ese dios se inclinan para adorarlo.

Lo levantan en hombros y lo cargan; lo ponen en su lugar, y allí se queda. No se puede mover de su sitio. Por más que clamen a él, no habrá de responderles, ni podrá salvarlos de sus aflicciones.

Recuerden esto, rebeldes; piénsenlo bien, ¡fíjenlo en su mente! Recuerden las cosas pasadas, aquellas de antaño; yo soy Dios, y no hay ningún otro, yo soy Dios, y no hay nadie igual a mí. Yo anuncio el fin desde el principio; desde los tiempos antiguos, lo que está por venir.

Yo digo: Mi propósito se cumplirá, y haré todo lo que deseo. Del oriente llamo al ave de rapiña; de tierra distante, al hombre que cumplirá mi propósito.

Lo que he dicho, haré que se cumpla; lo que he planeado, lo realizaré.

Escúchenme ustedes, obstinados de corazón, que están lejos de la justicia. Mi justicia no está lejana; mi salvación ya no tarda. ¡Estoy por traerlas! Concederé salvación a Sión, y mi esplendor a Israel." Isaías 46:1-13 (NVI)

Los ídolos tienen pies pero no se pueden trasladar por sus propios medios, o sea que no hay presencia de ellos cuando los necesitas. Qué diferencia con nuestro Dios. El mismo Isaías nos dice que su nombre es EMANUEL, que traducido es: Dios con nosotros (Isaías 7:14).

En el Salmo 22:3 nos dice que nuestro Dios habita en las alabanzas de su pueblo. Tan solo le comienzas a alabar y su Presencia se hace sentir, y eres lleno de su gozo, de su paz, de todo lo que tú necesitas, porque en su Presencia hay plenitud de todo (Salmo 16:11).

Jesucristo nos prometió estar con nosotros todos los días hasta el fin del mundo (Mateo 28:20). En el libro de Hebreos 13:8 dice que Jesucristo es el mismo ayer, y hoy, y por los siglos."

En el libro de los Salmos 23:4 dice: *"aunque ande por valle de sombra de muerte, no temeré mal alguno, porque tú estarás conmigo."*

En el libro de Josué 1:5 dice: *"Nadie te podrá hacer frente en todos los días de tu vida; como estuve con Moisés, estaré contigo; no te dejaré, oí te desampararé."*

Con un Dios así, ¿quién necesita un suplemento o un dios falso? Él promete estar siempre con nosotros.

Séptimo y último, **semejantes a ellos son los que los hacen, y cualquiera que confía en ellos.**

Esto me indica otra terrible consecuencia que hay al confiar en estos dioses falsos, y esa es que no hay progreso. ¿Qué progreso puedes tener sirviendo a un dios mudo, ciego, sordo, que no huele, no palpa ni tampoco anda?, ¿Qué tipo de prosperidad puede tener una persona que confía en un dios absolutamente limitado e inútil?

La idolatría es básicamente el servir y adorar a la criatura en vez de al Creador, es un terrible engaño en el que el hombre cae, es un espíritu diabólico de engaño, de falsa seguridad, de ingenuidad y terrible ignorancia de las Sagradas Escrituras, las cuales son el único faro de luz seguro que tiene el hombre en este mundo de tinieblas espesas.

Y esta ignorancia no excusa ni tampoco no exenta al hombre de su culpabilidad ante Dios. Esta ignorancia mata al hombre eternamente y lo condena a eternas tinieblas y separación para siempre de su Creador que tanto lo ha amado y ha hecho todo lo posible para que Su criatura no se pierda mas tenga la vida eterna (Juan 3:16).

Desgraciadamente el hombre siempre ha tenido esta tendencia de adorar a la criatura en vez de a su Creador. Pablo escribe en su epístola a los Romanos:

"Cambiaron la verdad de Dios por la mentira, adorando y sirviendo a los seres creados antes que al Creador, quien es bendito por siempre. Amén." Romanos 1:25 (NVI)

La idolatría solo trae atraso al ser humano y significa un retroceso para cualquier área de su vida. En la misma carta a los Romanos el Señor nos dice:

"Profesando ser sabios, se hicieron necios, y cambiaron la gloria del Dios incorruptible en semejanza de imagen de hombre corruptible, de aves, de cuadrúpedos y de reptiles." Romanos 1:22-23

Aquí yo veo la evolución pero al revés: el idólatra es un retrógrada, ya que al cambiar la gloria incorruptible de nuestro amado Creador por imágenes de hombres y mujeres, de aves, de cuadrúpedos y hasta de reptiles lo único que se obtiene es una total pérdida de identidad y una confusión total de quiénes somos. Esto es una verdadera aberración para nuestro Señor, y enciende Su ira sobre los que practican esto.

Una cosa es ciertísima, jamás nos levantaremos por encima del dios que adoramos. ¿Qué quiero decir con esto? Es simple, tú te vas a volver como el dios al que sirves.

Nuestro Creador nos dice:

"Así que, hermanos, os ruego por las misericordias de Dios, que presentéis vuestros cuerpos en sacrificio vivo, santo, agradable a Dios, que es vuestro culto racional.

No os conforméis a este siglo, sino transformaos por medio de la renovación de vuestro entendimiento, para que comprobéis cuál sea la buena voluntad de Dios, agradable y perfecta." Romanos 12:1-2

¿Quién es tu Dios? ¿A quién estás adorando?

Busca con todo el corazón al Dios Creador de todas las cosas visibles e invisibles, y cuando lo encuentras, alábalo, adóralo y sírvelo con todo tu ser.

Él ciertamente no está lejos de ti, está a solo una oración de distancia.

"Yo estoy a tu puerta, y llamo; si oyes mi voz y me abres, entraré en tu casa y cenaré contigo." Apocalipsis 3: 20 (TLA)

7
¡Queremos experimentar a Dios!

En las Sagradas Escrituras el Señor compara a la Iglesia con un cuerpo de muchos miembros y funcionando como un organismo vivo.

En 1 Corintios 12:12-14 dice:

"Porque así como el cuerpo es uno, y tiene muchos miembros, pero todos los miembros del cuerpo, siendo muchos, son un solo cuerpo, así también Cristo.

Porque por un solo Espíritu fuimos todos bautizados, en un cuerpo, sean judíos o griegos, sean esclavos o libres: y a todos se nos dio a beber de un mismo Espíritu. Además, el cuerpo no es un solo miembro, sino muchos."

Así como el cuerpo sin aire no puede respirar, así también la Iglesia sin la alabanza y la adoración a Dios no puede respirar y se ahoga irremediablemente. Me quiero atrever a decir que la alabanza y la adoración son el sistema respiratorio de la Iglesia. Así de vital es.

Alabar y adorar a Dios, no como se nos ocurra a cada uno sino corno Dios nos lo manda en su Palabra, provoca que la presencia de Dios descienda en medio de nuestras congregaciones. Su presencia es tan vital que esto es lo que hace la gran diferencia entre una iglesia y otra. No tiene que ver con la denominación o la trayectoria que lleve ni tampoco con los años de existencia y servicio.

La vitalidad de la Iglesia va a depender de la devoción que le tenga a Dios, si existe fuerte adoración a Dios, eso va a producir gente espiritual, ya que la vida de las personas que asisten a la iglesia depende de la comunión que tienen con el Señor.

¿Por qué hay tantos problemas en las iglesias, tanto pleito, divisiones, tantos heridos, codicia, egoísmo, etc. y etc.? ¿Por qué todo esto es una realidad, hacemos la vista gorda y decimos que todo está maravilloso cuando la verdad es que no lo está? No es que sea negativo, porque ya me imagino todo lo que estás pensando a estas alturas.

La razón principal por la que todo esto sucede en las diferentes congregaciones de todo el mundo (lo he visto, no me lo han platicado) es porque falta la presencia de Dios en medio de nosotros.

Lo repito, nuestra vida depende de nuestra comunión con Dios, nuestro corazón debe latir con alabanza y adoración a nuestro Dios.

Al no entender la importancia tan vital de la alabanza a Dios, la iglesia muere.

Dios diseñó todo cuerpo para que viva en un medio ambiente determinado, los árboles para que vivan en tierra y aire, los peces en el agua y los seres humanos en un medio ambiente de oxígeno. Pero resulta que aún Dios tiene su medio ambiente en el que vive, y ese medio ambiente es la alabanza y la adoración. Dios se rodea de ese ambiente, como se puede ver claramente en Salmo 23:3, Apocalipsis 5:8-14 y 14:1-3.

He notado que la gente en general asiste a la iglesia porque quiere encontrarse con Dios, pero si reunión tras reunión no hay esa presencia que tanto anhela el ser humano, su ánimo decae y va perdiendo fuerzas para asistir la próxima vez.

Yo me acuerdo cuando me convertí al Señor y Su presencia era tan fuerte en ese garaje donde nos congregábamos que ni me quería ir, y cuando era la próxima reunión no me la perdía por nada de este mundo. Lloviera, hiciere frío o calor, me tenían en primera fila. ¿Por qué? Por la presencia de Dios. Ese viento fresco que sopla en nuestras almas. Cuando la presencia de Dios se manifiesta produce paz, gozo, tranquilidad, aún en medio de las más difíciles tormentas de la vida.

Una cosa es cierta, Dios quiere estar en medio de nosotros cada vez que nos congregamos en su nombre. Por lo menos así lo expresó en Mateo 18:20:

"Porque donde están dos o tres congregados en mi nombre, allí estoy yo en medio de ellos."

El problema es que no creamos una atmósfera donde Dios se sienta cómodo para que Su presencia se pueda manifestar.

Algunos tal vez estén diciendo "óyeme, ¿qué te pasa? Nosotros alabamos al Señor como podemos, no nos vengas a decir que estamos equivocados, así lo hemos hecho por los últimos cuatro siglos."

Solo quieto que no vayas a cerrar el libro y empieces a decir "ese Lozano es un loco, un hereje." Por favor sigue leyendo y piensa un poco lo que quiero comentarte.

Juan, el discípulo, el amado, el que se recostó junto al pecho del Señor, el único que estuvo presente en la crucifixión, el apóstol del amor, al que se le dio la Revelación de los tiempos finales y se le abrieron los mismos cielos, él mismo admite haber cometido dos veces el error de querer adorar a un ángel:

"Yo me postré a sus pies para adorarle. Y él me dijo: Mira, no lo hagas; yo soy consiervo tuyo, y de tus hermanos que retienen el testimonio de Jesús. Adora a Dios; porque el testimonio de Jesús es el espíritu de la profecía."

"Pero él me dijo: Mira, no lo hagas; porque yo soy consiervo tuyo, de tus hermanos los profetas, y de los que guardan las palabras de este libro. Adora a Dios." Apocalipsis 19:10 y 22:9

¿Estaba equivocado en su forma de adorar en el cielo? ¿En pleno cielo?

Si Juan se equivocó en el cielo en su forma de adorar, ¿no podría haber también un margen de error en nuestra forma de alabar y adorar a nuestro Dios aquí en la tierra? Y tal vez por eso nuestra iglesia no está creciendo, o no permanecen los miembros, o hemos caído en un desierto espiritual, o tal vez nunca pasa nada en los servicios.

No se debería ir a examinar a Dios a las iglesias, porque Él no se le examina, a Dios se le experimenta y cada vez se le debe engrandecer más y más en nuestro corazón. Dios no está enfermito para que lo examinemos.

Cuando nuestra fe es una fe sana y fuerte, eso va a producir fuerte alabanza y adoración sana, y eso trae una fuerte presencia de Dios.

A Dios no se le debe adorar en una forma fría y calculada, ni siquiera en una forma mental, como si estuviera tieso en un pedestal y desde ahí nosotros venerarlo en una forma estéril.

Una de las grandes revelaciones que nos trajo el Señor Jesucristo es la de Dios como un Padre amoroso, debernos buscar y tener comunión íntima con Él por lo que Él es para nosotros.

La gente no quiere teología fría y sin sabor, sino que quieren conocer a Dios tal y como Él es, un Padre amoroso, protector y sanador. La gente necesita poder experimentarlo, no intelectualizarlo.

La gente está cansada de tanto ritualismo y tanta pérdida de tiempo en nuestros servicios con cosas que en realidad no son tan importantes. La gente quiere encontrarse ante la misma presencia de Dios.

Yo sé que a ninguno nos gusta que nos señalen nuestros errores, pero creo que es necesario que hablemos un poco de esto, porque los errores son reales, existen y si no los mencionamos, entonces ¿cuándo los vamos a corregir y cuándo vamos a ser esa Iglesia gloriosa, sin mancha ni arruga por la que viene nuestro Señor Jesús?

A través de la alabanza y adoración la Iglesia recibe sus transfusiones de la misma vida de Dios, y los frutos y dones del Espíritu deberían fluir de lo más normal entre nosotros, sin embargo sabemos que esto rara vez sucede, porque debemos continuar con el programa.

Será porque estamos demasiado preocupados por respetar las formas en vez de estar buscando el corazón mismo de Dios.

Yo sé que debe haber orden y programas, tampoco vamos a caer en cualquier cosa, pero necesitamos desarrollar una sensibilidad hacía lo que Él quiere en cada servicio. Nuestra principal preocupación es asegurarnos de que la gente se enfrente a la presencia transformadora de Dios y que salgan con el deseo ferviente de cambiar sus formas de vida. Si esto no sucede, pues entonces estamos perdiendo preciosas oportunidades que Dios nos quiere dar para manifestarse y cambiarnos a Su imagen.

Con mi esposa ya llevamos sirviendo al Señor como misioneros en el hermoso país de Argentina por más de veinte años, y como todos saben, la Argentina se caracteriza por tener las mejores carnes del mundo, y doy testimonio de que es cierto.

Acá solo se necesita cualquier pretexto para organizar el famoso "asado." Cuando todos los invitados llegan, lo hacen todos con la nariz parada, oliendo la carne y se ponen todos nerviosos, quieren meterle el diente a esa carne, quieren probarla, morderla, masticarla, tragársela y hasta entonces, todo entra en calma.

Y yo creo que así debe ser cada vez que nos reunimos en Su nombre, debe ser un "asado espiritual."

Jamás he visto en un asado que los invitados vayan con el asador y se pongan a investigar el origen de la vaca, que si cuántas manchas habrá tenido, cuántos kilos pesó al nacer y cuántos al morir, etc. Los comensales no quieren saber la historia de la vaca, lo único que quieren es experimentarla en sus paladares. ¡Qué les importa las proteínas, solo se la quieren comer! "Mañana empezamos la dieta", suelen decir.

Y así es con la gente, quieren experimentar a Dios, ¡queremos experimentar a Dios!

Algo parecido es lo que sucede cuando alabamos y adoramos el Señor, lo sentimos, nos rodea, nos levanta, alza nuestras cabezas, nos llena de su fuerza, de esperanza, nos da seguridad y tantas otras cosas que experimentamos delante de su presencia, pues nos encontramos con Él.

"Me mostrarás la senda de la vida; en tu presencia hay plenitud de gozo; delicias a tu diestra para siempre." Salmo 16:11

Lo último que necesitamos son doctrinas nuevas, lo que en realidad necesitamos es un nuevo dinamismo en nuestros espíritus que hagan nuestro cristianismo real, práctico y que funcione en la vida terrena normal.

La Navidad es un tiempo que me gusta mucho, pero a veces me da mucha tristeza cuando recuerdo que José y María buscaron un lugar donde poder reposar para dar a luz a su hijo sin poder hallarlo. No hubo lugar para el Hijo de Dios, y me temo que eso sucede repetidamente en muchas iglesias, domingo tras domingo, porque todo está tan estructurado.

Lo que hoy necesitamos es un viento recio del espíritu que nos vitalice, y que nos prenda en fuego nuevamente por Él y por su obra.

Creo que es tiempo de disfrutar y experimentar al Señor de nuevo, y si hay tiempo, después entonces lo teologizamos.

Es tiempo que permitamos que el Cuerpo de Jesucristo vuelva a respirar, porque se ha estado aguantando demasiado la respiración por tantos años. Dejemos que la Iglesia respire el aire fresco del Espíritu de Dios.

Solo así tendremos manifestaciones del Espíritu Santo que serán evidencias de que el Señor ha hallado lugar en nuestros servicios y corazones.

Dejemos que verdaderamente ese viento sople en nuestros espíritus, como sopló en aquel valle de huesos secos como se relata en el libro de Ezequiel.

"Así ha dicho Jehová el Señor a estos huesos: He aquí, yo hago entrar espíritu en vosotros, y viviréis. Y pondré mi Espíritu en vosotros, y viviréis, y os haré reposar sobre vuestra tierra; y sabréis que yo Jehová hablé, y lo hice, dice Jehová." Ezequiel 37:5 y 14

Sólo este viento santo del Espíritu de Dios es el que nos hace vivir y nos inspira a adorar al único que es digno de nuestra adoración, nuestro Padre celestial.

Es algo fuera de nuestra comprensión que el Dios del universo anhele entrar en nuestros corazones y hacer Su habitación ahí, pero esa es la gloriosa realidad, Él nos quiere dar vida.

No seamos como los de Belén, que no le hicieron lugar a Jesús y tuvo que nacer en un pesebre apestoso, lleno de moscas y suciedad de animales.

Démosle lugar en el trono de nuestros corazones, en el centro de nuestras congregaciones y servicios. Tomémonos el tiempo para adorarlo y consultarlo en lo que Él quiere que hagamos con nuestras vidas y Su Iglesia.

El darnos a Él debe de ser sin condiciones. Muchas veces veo a la gente diciéndole al Señor con sus actitudes:

"Soy tuyo, si me das un ministerio."

"Soy tuyo, si me sacas de este lío."

"Soy tuyo, si me sanas."

¿Cómo vamos a ponerle condiciones al Señor? La alabanza a Dios en nuestras iglesias debe ser la extensión de los seis días anteriores como un estilo de vida.

No podemos vivir como se nos ocurra, dándole lugar al diablo con pleitos, celos, mentiras, gritos, y luego venir el domingo y poner cara de santito levantando nuestras manos al cielo en total rendición.

"No os engañéis; Dios no puede ser burlado: pues todo lo que el hombre sembrare, eso también segará. Porque el que siembra para su carne, de la carne segará corrupción; mas el que siembra para el Espíritu, del Espíritu segará vida eterna." Gálatas 6:7-8

¿Realmente crees que podemos engañar al Señor? Así no puede funcionar.

En el evangelio de Juan 4:23 dice que el Padre está buscando adoradores, no adoración. Adoración de vez en cuando no es suficiente. En el libro de los Hechos de los Apóstoles hay una historia de unos verdaderos adoradores:

"Y se agolpó el pueblo contra ellos; y los magistrados, rasgándoles las ropas, ordenaron azotarles con varas. Después de haberles azotado mucho, los echaron en la cárcel, mandando al carcelero que los guardase con seguridad.

El cual, recibido este mandato, los metió en el calabozo de más adentro, y les aseguró los pies en el cepo." Hechos 16:22-24

Sus ropas habían sido destrozadas, sus cuerpos tenían heridas profundas, habían sido golpeados violentamente, los pusieron en la celda del fondo, en la más húmeda y sucia, los encadenaron lastimando sus manos y sus pies. Víctimas de tremendas injusticias.

La pregunta surge en mi mente: ¿qué haríamos en una situación como esa? ¿Qué haríamos? Alabar y adorar creo que no sería la respuesta normal de nuestra carne, sino buscar inmediatamente gente que simpatice con nosotros para que nos den la razón y vean lo terrible que son los que nos han herido, ¿no te parece?

Si verdaderamente adoráramos al Señor todos los días, como corresponde, responderíamos correctamente ante las circunstancias adversas da la vida diaria.

Tenemos que entender que la razón por la que existimos es para alabar y adorar a nuestro Dios.

"Mas vosotros sois linaje escogido, real sacerdocio, nación santa, pueblo adquirido por Dios, para que anunciéis las virtudes de aquel que os llamó de las tinieblas a su luz admirable." 1 Pedro 2:9

El Padre está buscando vidas que proclamen Sus excelencias y virtudes, vidas entregadas a Él y a Su propósito, vidas que le adoren.

Cada día debemos levantarnos con una oración en el corazón: "Señor, el día de hoy glorifícate en todo lo que piense, en lo que hable, en lo que sienta y en todo lo que haga, saca gloria de mi vida. En el nombre de Jesús, amén."

Experimentemos al Señor diariamente, para que cuando llegue el día de reunión se manifieste la gloria de Dios.

¿Te imaginas la gloria de Dios que se va a manifestar los domingos si durante toda la semana en vez de estar quejándote de todo llenas tu vida de alabanza, adoración y acciones de gracias? Debemos tomar la decisión en nuestro corazón de que somos realmente del Señor.

"Porque el que en esto sirve a Cristo, agrada a Dios, y es aprobado por los hombres." Romanos 14:18

En nuestra entrega al Señor no deben haber restricciones o condiciones, ni tampoco cláusulas con letra pequeña, a pesar de las circunstancias, situaciones adversas o lo que sea.

Dejemos que la Iglesia respire sanamente a través de su sistema respiratorio, solo así tendremos una Iglesia fuerte, sana y en constante avivamiento.

Yo no creo que Dios quiera avivamientos temporarios aquí, allá y más para allá, yo creo que el Señor quiere un avivamiento constante, creciente y firme en todas las iglesias.

La clave para esto es muy sencilla, lo hemos probado y realmente funciona: fuerte alabanza y adoración al Señor y fuerte predicación de Su Palabra. Iglesia que practica esto, iglesia que deja de hablar solo de Dios como un personaje histórico y lo empieza a tener presente en cada uno de sus servicios.

Cuando alabamos al Señor se produce el efecto Pablo-Silas. Como leímos anteriormente, ellos estaban en lo más oscuro de un calabozo luego de ser azotados, pero la historia continua de la siguiente manera:

"Pero a medianoche, orando Pablo y Silas, cantaban himnos a Dios; y los presos los oían. Entonces sobrevino de repente un gran terremoto, de tal manera que los cimientos de la cárcel se sacudían; y al instante se abrieron todas las puertas, y las cadenas de todos se soltaron.

Despertando el carcelero, y viendo abiertas las puertas de la cárcel, sacó la espada y se iba a matar, pensando que los presos habían huido. Mas Pablo clamó a gran voz, diciendo: No te hagas ningún mal, pues todos estamos aquí.

El entonces, pidiendo luz, se precipitó adentro, y temblando, se postró a los pies de Pablo y de Silas; y sacándolos, les dijo: Señores, ¿qué debo hacer para ser salvo?

Ellos dijeron: Cree en el Señor Jesucristo, y serás salvo, tú y tu casa. Y le hablaron la palabra del Señor a él y a todos los que estaban en su casa.

Y él, tomándolos en aquella misma hora de la noche, les lavó las heridas; y en seguida se bautizó él con todos los suyos. Y llevándolos a su casa, les puso la mesa; y se regocijó con toda su casa de haber creído a Dios." Hechos 16:23-34

Cuántas cosas suceden cuando cumplimos con el propósito para el cual fuimos creados por Dios nuestro Padre.

Pablo y Silas habían estado predicando la palabra de Dios y fueron acusados injustamente de cosas que no habían hecho, pues habían liberado a una muchacha con un espíritu de adivinación, la cual era usada por sus amos para ganar mucho dinero.

Los dueños de la muchacha, al ver que se les había acabado la oportunidad de ganar más dinero, llevaron a Pablo y a Silas ante las autoridades, en la plaza principal. Luego fueran golpeados brutalmente, aquí dice mucho, sus espaldas deben haber quedado totalmente abiertas, mas la humillación que sufrieron enfrente de todo el pueblo de Filipos.

En medio de los gritos de la multitud fueron entregados al carcelero que no debe haber sido un dulcecito, pues para ese trabajo se necesitaba gente sin piedad, fría e implacable. Los tomó y de seguro a empujones o arrastrándolos los metió a la peor celda que tenía, la de máxima seguridad, llena de todo tipo de bichos e inmundicias. Imagínate el dolor que deben haber producirlo los cepos en los pies.

A medianoche, la hora más oscura, cuando las tinieblas están en su máxima oscuridad, en la peor hora para Pablo y Silas, fue cuando ellas comenzaron a cantarle al Señor. Ellos se enfrentaron a todas estas terribles tinieblas diabólicas con alabanza y adoración, y eso desencadenó todo el poder del cielo, descendió la presencia del Señor del cielo y de la tierra, y cuando eso pasó, cosas comenzaron a suceder. Cada vez que le alabamos cosas sobrenaturales comienzan a suceder tanto en el mundo espiritual como también en el mundo físico.

Lo primero que comenzó a pasar es que todos los cimientos de la cárcel se sacudieron, en 1 Juan 3:8 dice que para este apareció el Hijo de Dios, para deshacer todas las obras del diablo Todas las obras del diablo en nuestras vidas son sacudidas desde los mismos cimientos y se derrumban, y dice que lo hace en un instante, se abren todas las puertas de los que han estado cautivos por diferentes causas, vicios, ocultismo, pasiones desordenadas y mil otras cárceles, todo se derrumba enfrente de Su presencia.

Toda atadura es rota por el poder de Su presencia manifiesta. Es impresionante ver todas las cadenas a las que la gente está atada, pero por más fuerte que sean y por más tiempo que lleven así, la presencia de Dios libera depresiones, opresiones, espíritus de suicidio, tristezas, inseguridades, complejos de inferioridad y todos los problemas que el ser humano anda cargando.

En Su luz nos damos cuenta de las tinieblas en las que hemos estado viviendo. Como le pasó al carcelero, que quiso saber cómo ser salvo, así es aceptar a Jesús. No es un cambio de religión, sino un cambio de reinos, pues eres trasladado del reino de las tinieblas al Reino de Luz de Su Hijo amado (1 Pedro 2:9).

El carcelero de pronto se volvió un hombre con un espíritu sumiso, humilde y enseñable. Dice que se postró a los pies de Pablo y les hizo preguntas. Estaba dispuesto a aprender y salir de su ignorancia. ¡Qué maravilloso hecho del Espíritu Santo! Pablo lo guió a los pies del Señor Jesucristo, no solo a él, sino a todos los que le rodeaban, y hasta bautismos hubo esa noche.

Esto es el sueño de todo pastor, que la presencia de Dios se manifieste en la reunión, que haya salvación, liberaciones, cadenas rotas, que vengan nuevas personas con hombre de Dios, que se bauticen. ¿Cómo puede pasar esto? Simple, en cada reunión démosle al Señor el lugar que se merece en nuestras vidas y en nuestras reuniones, y cosas sobrenaturales comenzarán a suceder.

¿Quieres el resultado del libro de los Hechos? Sigue el patrón del libro de los Hechos, orando y cantando a Dios, como lo acabamos de ver en el último pasaje de Hechos 16. ¡Experimenta a Dios!

8
Ayudas prácticas para dirigir alabanza

A través de los años vamos acumulando experiencia, vamos aprendiendo lo que funciona pero también lo que no. El Señor nos va guiando, como lo prometió:

"Pero cuando venga el Espíritu de verdad, él os guiará a toda la verdad; porque no hablará por su propia cuenta, sino que hablará todo lo que oyere, y os hará saber las cosas que habrán de venir." Juan 16:13

Al Señor más que a nadie, le interesa que hagamos las cosas correctamente, a Su manera. Algo que he aprendido es que es poco el tiempo que la gente nos permite para que las guiemos a la presencia de Dios y luego les sirvamos la Palabra del Señor. Por lo tanto no nos podemos dar el lujo de desperdiciar ese tiempo precioso que la gente nos brinda. Como dirigentes responsables de los servicios debemos buscar ser lo más efectivos posible y usar lo mejor que podamos ese tiempo precioso para tocar la eternidad en los corazones de los hombres y depositar allí la presencia de Dios.

Necesitamos evitar el perder el tiempo con cosas que en realidad no tienen importancia. A veces se hacen cosas solo para rellenar y la gente se va totalmente frustrada porque no recibieron lo que esperaban para saciar su necesidad. La gente necesita dos cosas: sentir la presencia do Dios y oír Su voluntad a través de la predicación de la Biblia.

Una de las cosas más importantes que he aprendido es que debemos darle al pueblo de Dios lo mejor de nuestra vida en esos tiempos preciosos que nos prestan de sus vidas. Una cosa es ciertísima, la gente no es tonta y no podemos engañarla, ellos se dan cuenta si nos preparamos o no, si hay unción o no, si hemos estudiado o flojeado. La gente se da cuenta si hemos ensayando las canciones o si estamos tocando "como salga." Ni a Dios ni a la gente la vamos a engañar, tarde o temprano todo sale a la luz y quedamos expuestos.

Yo quisiera que examináramos algunos puntos importantes en cuanto a la dirección de la alabanza, y espero que esto que me ha servido para ser efectivo en llevar al pueblo de Dios a Su presencia te sirva también a ti.

1 - Orgullo

Lo primero que necesitamos cuidar es que nuestro corazón no so llene de orgullo. Tanto Santiago 4: 6 como 1 Pedro 5: 5 nos dicen lo mismo:

"Dios resiste a los soberbios, y da gracia a los humildes."

Jamás podremos guiar a la gente a la presencia de Dios para que ahí sean transformados si hay orgullo en nuestros corazones. Fue orgullo lo que provocó que Satanás fuera arrojado del mismo cielo. Por su soberbia, al diablo le costó el cielo. Dios lo resistió y fue expulsado (Isaías 14: 11-15 y Ezequiel 28:14-19).

Si podremos estar al frente de las personas como músicos, dirigentes de alabanza, pastores, o lo que sea, debe haber en nuestros corazones un agradecimiento por la misericordia de Dios que nos ha puesto en esa posición, aunque no la merezcamos.

En Isaías 57:15 dice:

"Porque así dice el Alto y Sublime, el que habita la eternidad, y cuyo nombre es el Santo: Yo habito en la altura y en la santidad, y con el quebrantado y humilde de espíritu, para hacer vivir el espíritu de los humildes, y para vivificar el corazón de los quebrantados."

Si el Señor nos ha escogido para estar enfrente dirigiendo a su pueblo yo creo que no debe haber orgullo alguno, al contrario, debe haber en nosotros un sentimiento enorme de responsabilidad y de temor de Dios al saber que enfrente de nosotros tenemos material eterno.

No estamos tratando con plantas o animales, no estamos tratando con ladrillos o madera, sino que se nos está poniendo enfrente de nosotros las almas eternas de los hombres. El solo hecho de saber eso nos debe poner a temblar y depender absolutamente en el Señor y no en nuestra experiencia o talemos natos para hacer la obra que se nos ha encomendado.

Solo el saber que por mi desempeño en ese puesto con el que Dios me ha honrado se puede ganar o perder un alma debe caer sobre mí la eterna responsabilidad de desarrollar ese cargo lo mejor que pueda y con la mayor sencillez y humildad posible.

Desgraciadamente tan pronto se le da un título a alguien, ya sea de director general o encargado de las escobas, la cabeza se le llena de humo, y se vuelven insoportables. Alguien dijo que cuando hay humo en la cabeza es señal de que el fuego del corazón ya se apagó. Cuidemos ese fuego del Espíritu de Dios para que se avive cada día más y más. Y no olvidemos nunca que si somos algo en esta vida o si logramos esto o aquello es siempre gracias al Señor, a Él sea la gloria por siempre.

Así que mantengámonos humildes y sencillos, para que la presencia del Señor esté con nosotros y sigamos vigentes en la tarea que se nos encomendó, de esa manera no seremos desechados como Satanás, por insoportable.

2 - ¿Cómo está mi estado de ánimo?

Muchas veces nuestro estado de ánimo nos impide ofrecer sacrificios de alabanza. Y precisamente se llama sacrificio de alabanza porque es algo que nos cuesta trabajo. Ya seo que estemos dirigiendo o seamos de los que estamos siendo dirigidos, no siempre estamos con las ganas de alabar. Como el rey David le tuvo que dar la orden a su propia alma en el Salmo 103:1, le dijo: "bendice, alma mía al Señor, y bendiga todo mi ser su santo nombre."

El Salmo 69:30-32 nos dice:

"Alabaré yo el nombre de Dios con cántico, lo exaltaré con alabanza. Y agradará a Jehová más que sacrificio de buey, o becerro que tiene cuernos y pezuñas; lo verán los oprimidos, y se gozarán. Buscad a Dios, y vivirá vuestro corazón."

Más claro ya no se puede. Por más oprimido que tú estés o te presentes delante de Él, al alabar al Señor esa condición de tu alma es liberada. Precisamente se llama sacrificio de alabanza porque la mayoría de les veces llegamos sin ganas de alabar, por lo que debemos sobreponemos a nuestro estado de ánimo, llegar a la presencia del Señor y ahí derrotaremos a nuestros enemigos. La depresión, la opresión, los temores, los desánimos, los complejos, las preocupaciones, y todos estos enemigos comunes del ser humano son derrotados en la presencia del Señor. Solos jamás los derrotaremos, pero en Su presencia ninguno de ellos prevalecerá. Y como líderes de alabanza somos los que primeros debemos vencer a estos enemigos en nuestras vidas, de lo contrario arrastraremos a todo el pueblo con nosotros.

Había veces que, al estar yo dirigiendo la alabanza, le decía a la gente "¿qué les pasa, por qué no cantan?" Y todos se veían entre sí asombrados, diciendo "¡pero si estamos cantando!" El que tenía la culpa ere yo, no ellos. Siempre debemos revisar la condición de nuestra alma, ponernos bien con el Señor, para que Él sane nuestras almas y nos restaure. El Salmo 103:1-5 dice:

"Bendice, alma mía, a Jehová, y bendiga todo mi ser su santo nombre. Bendice, alma mía, a Jehová, y no olvides ninguno de sus beneficios.

Él es quien perdona todas tus iniquidades, el que sana todas tus dolencias; el que rescata del hoyo tu vida, el que te corona de favores y misericordias; el que sacia de bien tu boca de modo que te rejuvenezcas como el águila."

Es nuestro espíritu el que debe mandar, no nuestra alma. El alma está sujeta a sus emociones, sentimientos, razonamientos y pensamientos. Aunque todo eso es parte de nosotros no debe ser la parte que dirija sino nuestro espíritu conectado a Su Espíritu.

3 - Necesitamos orar antes

Antes de pararnos delante de la gente y dirigirlos a la presencia del Señor juntos, nosotros debemos haber estado con Él en primer lugar, descargando todas las presiones, las necesidades, preocupaciones, cargas, pensamientos, temores e inseguridades. Solo de esa manera podremos ser instrumentos libres y limpios para que el Señor nos pueda usar. Es un mandato del Señor, pues Él nos dice:

"Venid a mí todos los que estáis trabajados y cargados, y yo os haré descansar. Llevad mi yugo sobre vosotros, y aprended de mí, que soy manso y humilde de corazón; y hallaréis descanso para vuestras almas; porque mi yugo es fácil, y ligera mi carga." Mateo 11:28-30

No tenemos por qué presentarnos delante del pueblo de Dios todos cargados y llenos de preocupaciones o pecados si podemos venir delante de Él y ser totalmente limpiados de toda carga y peso que nos impide fluir en el Espíritu. Vengamos a Él y entreguemos nuestras cargas y cumplamos correctamente con el trabajo que ha dado nuestro Padre que está en los cielos.

Confiesa tus pecados, ponte bien con Dios, clama la sangre de Jesucristo para que te limpie totalmente.

"Este es el mensaje que lientos oído de él, y os anunciamos: Dios es luz, y no hay ningunas tinieblas en él.

Si decimos que tenemos comunión con él, y andamos en tinieblas, mentimos, y no practicamos la verdad; pero si andamos en luz, como él está en luz, tenemos comunión unos con otros, y la sangre de Jesucristo su Hijo nos limpia de todo pecado." 1 Juan 1:5-7

El mandato del Señor está en el Salmo 96:9:

"Adorad a Jehová en la hermosura de la santidad; temed delante de él toda la tierra."

4 - Preséntate preparado

No te presentes sin una lista de alabanzas. Siempre es bueno traer una lista por lo menos de 5 alabanzas y 5 cantos de adoración.

Pablo lo dijo a Timoteo en 2 Timoteo 2:15:

"Procura con diligencia presentarte a Dios aprobado, como obrero que no tiene de que avergonzarse, quo usa bien la palabra de verdad."

Nuestra obligación es presentarnos aprobados delante de Dios y de Su pueblo, o sea preparados. No podemos ser unos irresponsables y presentarnos así nada más. Si nosotros cumplimos nuestra parte, te puedo asegurar que Dios cumple la suya, Él es fiel.

Desde luego, siempre debes estar dispuesto a cambiar tu lista si así te guía Su Espíritu.

5 - El tiempo de la alabanza

¿Cuánto debe durar la alabanza y la adoración? Normalmente un servicio dura entre dos a dos horas y media. Si dura más tiempo la gente ya no aguanta, simplemente se cansan y ya no rinden, no pueden recibir más de eso, a menos que haya un movimiento sobrenatural del Espíritu Santo.

Normalmente la predicación dura entre 50 y 60 minutos, así que me quedan otros 60 minutos, menos unos 15 minutos para recoger la ofrenda y dar los anuncios, así que me queda aproximadamente entre 40 y 45 minutos para alabar y adorar al Señor. De nuevo, repito, sujetos desde luego al Espíritu de Dios como nos vaya guiando y también sujetos al pastor de la Iglesia, ya que él es el responsable, él es la cabeza y tenemos que sujetarnos a su guía.

Si él dice que ya es suficiente, o que te da 5 minutos más, te tienes que sujetar, de lo contrario eso va a ser un caos, y en vez de haber bendición va a reinar la confusión.

Es más, me atrevo a decirte que si el pastor solo te da 5 minutos en total para la alabanza y adoración, te debes sujetar a su liderazgo y aprovechar esos 5 minutos para entrar directamente al Lugar Santísimo con una canción de adoración y terminar en el tiempo señalado. Dios siempre bendice nuestra obediencia y sujeción.

6 - *Nuestras emociones*

Como líderes de alabanza no debemos llevar a la gente al emocionalismo, sino a la misma presencia de Dios. Debemos llegar al espíritu del hombre, no quedarnos solo en su alma, donde están sus emociones y sentimientos. No tienen nada de malo los sentimientos, Dios nos los dio, pero el problema con esto es que con nuestras emociones no podemos ni tocar ni llegar a Dios. Jesús le dijo a la mujer samaritana:

"Dios es Espíritu; y los que le adoran, en espíritu y en verdad es necesario que le adoren." Juan 4:24

Dice aquí que Dios es Espíritu, así que no podemos llegar a Él con nuestras emociones.

Hay veces que la presencia de Dios no se siente como quisiéramos y tenemos la tendencia a querer manipularla haciendo que se sienta a fuerzas, y para eso apelamos a las emociones de la gente. Es así que usamos muletillas, y empezamos a gritar "¿Quién vive?" y todos gritan "¡Cristo!" y de nuevo preguntamos "¿Quién reina?", y todos responden "¡Cristo!" Se vuelve una gritadera, y luego salimos diciendo: "¡Qué fuerte estuvo la presencia!", siendo la verdad que el Señor ni se enteró que nos reunimos. Nos convertimos en imitadores, en actores, no es algo genuino.

Ahí es cuando vienen todas esas mañas religiosas de orar llorando, pero sin lágrimas, o el levantar las manos haciéndolas temblar en una forma incontrolable, o empezar a mover la cabeza en círculos a una velocidad vertiginosa, o a saltar y saltar y saltar. El problema con todo esto es que la mayor parte de las veces son puras emociones, y las emociones cambian todos los días. Pero no así el espíritu, que es estable.

Y el problema principal con todo esto es que nadie se atreva a decirles nada a estas personas, y con el tiempo tenemos un verdadero circo de tres pistas, un verdadero desorden que ya nadie detiene. No estoy en contra del mover de Dios ni de sus manifestaciones, por favor entiéndeme, solo estoy diciendo que seamos sinceros y reconozcamos cuando son puras emociones y el querer llamar la atención, y cuándo verdaderamente es el Espíritu Santo de Dios guiándonos a hacer esas cosas.

Solo quiero que consideremos lo siguiente: Supongamos que llevo 20 años tratando de llevar a mi papá a la iglesia. Un buen día finalmente accede y va ese domingo conmigo, pero por aquellas cosas del destino, enfrente de mi papá se sienta el de los saltos, al lado derecho le toca la hermana que ora llorando, atrás le toca la que hace temblar las manos en el aire, y a la izquierda le toca el que mueve la cabeza como un ventilador.

¿Qué va a ser de la eternidad de mi papá? Creo que en ese caso el pobre hombre va a buscar la salida de emergencia más próxima y jamás regresará a una iglesia, se habrá perdido por la eternidad la oportunidad de que se convierta al Señor, lo habremos vacunado en contra de la salvación de su alma para siempre.

Por favor no me malinterpretes, no estoy en contra de las manifestaciones del Espíritu, solo pido que seamos sensibles al Espíritu de Dios y no hagamos cosas que no nacen verdaderamente en el corazón de Dios, sino en nuestra carne desordenada. Y también pido que como líderes tengamos la autoridad de cuidar todo lo que sucede en nuestros servicios, pidiendo que el Señor nos dé discernimiento para saber cuándo es de Dios lo que está pasando y cuándo no. Si algo sucede que está fuera de orden, pidámosle también a Dios la sensibilidad para detenerlo sin destruir a la persona que está distrayendo a todos.

Yo sé que esto es muy delicado, así que pidámosle al Señor que nos ayude a tener servicios llenos del Espíritu y fuego, y no servicios donde cada uno hace cualquier cosa.

7 - *Sensibilidad*

A la hora de dirigir la alabanza y la adoración necesitamos ser lo más sensibles que podamos. Como dice tanto el Salmo 95 como el Salmo 100:

"Venid, aclamemos alegremente a Jehová; cantemos con júbilo a la roca de nuestra salvación. Lleguemos ante su presencia con alabanza: aclamémosle con cánticos."

Todo alabanza, al ser música de atrios, puede ser música ruidosa, y esto significa cantos que van acompañados de aplausos, panderos, gritos de júbilo, danzas y gritos de guerra.

Pero a la hora de la adoración necesitamos ser más sensibles. Cuando entramos al Lugar Santísimo debemos hacerlo como le dijo el Señor tanto a Moisés como a Josué, sin calzado en los pies, pues la tierra que estamos pisando en ese momento se convierte en tierra santa porque el Señor está presente (Éxodo 3:5 y Josué 5:15).

Al quitarnos nuestro calzado descubrimos que nuestros pies son muy sensibles. Inmediatamente notamos si el piso está caliente o frío, o si hay piedras o cualquier desnivel, es decir, reaccionamos ante la condición del piso. De la misma manera lo que el Señor nos pide es que seamos muy sensibles ante Su presencia y veamos qué es lo que el Señor quiere que hagamos en ese momento.

El Salmo 95 continúa en el versículo 6 y dice: *"Venid, adoremos y postrémonos; arrodillémonos delante de Jehová nuestro Hacedor."*

Debemos cuidar Su presencia, ya que es como una paloma que ante cualquier movimiento brusco vuela y se va. Así es con el Espíritu Santo si no somos sensibles, se va, y nos quedamos solo con religión, con ritos, con tradiciones y no con la verdadera presencia de Dios. En ese momento los panderos se deben guardar, los aplausos deben esperar y los gritos de todo tipo deben callar. El Salmo 46:10 dice: "Estad quietos y conoced que yo soy Dios."

En la adoración debemos sensibilizarnos, ya que si solo hacemos ruido será imposible oír la voz del Señor. Hay personas que se ponen muy nerviosas si hay silencio y tienen que gritar un "Gloria a Dios" o un "A Su nombre gloria" o un "aleluya." Sensibles, así debemos entrar al Lugar Santísimo, y también debemos hacer el menor ruido posible.

Lo mismo para salir de la adoración, para que las personas queden con ese espíritu y se les pueda sembrar la Palabra de Dios en sus corazones, el que va a continuar con el servicio necesita ser una persona sensible y estar conectado con lo que el Espíritu de Dios está haciendo en ese momento. Tal vez salir con una pequeña oración para poder luego hacer sentar a toda la gente, porque si nada más llega y les dice en una forma brusca y totalmente con otro espíritu "siéntense", las personas van a ser apartadas de la presencia del Señor y todo lo que se ganó en la adoración se va a perder por un insensible.

Lo ideal sería no dar anuncios después de la adoración, sino entrar directamente a la predicación de la Palabra de Dios, ya que la adoración deja preparados los corazones para que sean sembrados, no con anuncios o cualquier otra cosa, sino con la voluntad del Señor.

8 - *Debemos cantar con inteligencia*

El Salmo 47:7 nos dice: *"Porque Dios es el Rey de toda la tierra; Cantad con inteligencia."*

En el tiempo de la alabanza debemos buscar cánticos que hablen de sus proezas, de sus hechos, de todo lo que hace nuestro gran Dios, pero a la hora de entrar en el Lugar Santísimo debemos buscar canciones que le hablen directamente de nuestro corazón a Su corazón. Deben ser canciones personales que le hablen a Él. Hay veces que cantamos cantos lentos y muy bonitos, cerramos los ojos y levantamos las manos, pero no le hablan a Él, y esa no es adoración a nuestro Señor.

Cantos como "Busca primero el Reino de Dios..." o también como la canción "oh, ven, ven y deléitate en el Señor. Y él te concederá..." ¿Te acuerdas de esas canciones? En algunas iglesias ese tipo de cantos se usan como adoración a Dios, pero si usamos la inteligencia, como se nos manda en el Salmo 47, nos debemos dar cuenta que no son cantos que le declaran a Dios nuestro amor, sino que son dirigidos a nuestros hermanos.

Debemos cantarle al Señor cantos que le declaren directamente a Él lo que sentimos en nuestro corazón por Él. Cantos como: "Vengo a ti, hoy Señor, a rendir mi corazón" y "te amo, te amo, es todo lo que puedo decir..."

9 - *Zapatero, a tu zapato*

Esta es una expresión que usamos en México para decir que debemos dedicarnos a lo que se nos ha llamado a hacer. Si nos han invitado a dirigir la alabanza hay que hacer exactamente eso, dirigir la alabanza. Si se nos invitó a predicar, pues entonces hay que hacer exactamente eso.

Digo esto porque hay personas que toman el título de la canción como tema de su predicación entre canción y canción. Por favor, no prediques entre canciones, se hace eterno para las personas que están presentes, se pierde mucho tiempo y cansamos a la gente.

Recuerda que debemos ser lo más efectivos posible porque tenemos poco tiempo, ya que las personas solo aguantan cierta cantidad de horas. Se puede exhortar un poco entre las canciones, pero no des largas explicaciones entre canciones.

Procuremos que haya lo máximo de fluidez en el servicio. No tenemos todo el tiempo del mundo, así que seamos más bien efectivos. Y lo mismo del otro lado. Si se te invitó a predicar, predica. Hay personas que no su dan cuenta que la congregación ya estuvo cantando por casi una hora, ya están listos para oír la palabra de Dios, y al predicador se le ocurre enseñar una canción nueva que nadie conoce. Le dice a los músicos que le den cierto tono y empieza la lucha para acompañarlo, y se pisotea la atmosfera que se había preparado para la predicación de la Palabra de Dios.

Claro que hay excepciones, cuando ya te has puesto de acuerdo con los músicos, y tomando en cuenta que la gente está muy cansada, o que la alabanza y la adoración no fueron muy largas. O tal vez tienes un testimonio poderoso de lo que hizo Dios en tu vida, entonces compártelo entre ciertas canciones. Pero normalmente, director de alabanza, fluye en la alabanza. Predicador, predica. Zapatero, a tu zapato.

10 - Busquemos que haya fluidez

Tanto en la alabanza como en la adoración, tratemos de ligar 2 o 3 canciones en el mismo tono o ritmo para que haya una continuidad. O también podemos juntar las canciones con un aplauso entre canción y canción.

Pero lo importante es que la alabanza fluya. La alabanza y la adoración deben ser como un viaje que nos lleve siempre a nuestro destino, y ese destino debe ser la Presencia de nuestro Señor. Cuando hacemos un viaje es verdaderamente frustrante el ser interrumpido, ya sea porque se descompuso el auto, porque tomamos la ruta equivocada o por cualquier otra razón.

No hay nada como un viaje directo y sin interrupciones. Así debe ser la alabanza y la adoración a Dios, un viaje al tercer cielo, al mismo Trono de Dios, donde le ministramos primero nosotros a Él y luego Él nos ministra a nosotros. Procuremos que haya las menos interrupciones posibles, para que lleguemos a nuestro destino y no frustremos a las personas.

11 - ¿Qué canción quieren cantar?

Esta pregunta jamás la debe hacer el director de alabanza, ya que va a desatar la guerra de Armagedón en medio de la congregación. El que dirige la alabanza en la congregación ya debe venir preparado con una lista de alabanzas, y desde luego, estar dispuesto a cambiar su lista si así lo dispone el Espíritu Santo, pero debemos presentarnos ya preparados ante la gente.

Me parece una tremenda irresponsabilidad el no llegar preparado para dirigir la alabanza. Creo que es un altísimo honor el que se nos de ese puesto y por tanto debemos de prepararnos. Si no tienes tiempo para prepararte, entonces sé honesto y permite que otro que tenga el llamado y el tiempo lo haga, ya que tanto a Dios como a Su pueblo les debemos dar lo mejor de nuestras vidas.

12 - La necesidad de los cantos nuevos

Yo sé que ha habido mucha lucha al introducir cánticos nuevos a la iglesia en general, pero no es algo que se nos ocurrió o que lo hemos hecho para llevarle la contra a los pastores o ancianos de las iglesias, de ninguna manera. Que Dios nos libre de tener una actitud así.

Creo que la tremenda marejada de cánticos nuevos que ha venido sobre la iglesia a nivel mundial ha sido un movimiento soberano del Espíritu Santo, llevándonos a cumplir lo que dice el Salmo 96:1:

"Cantad a Jehová cántico nuevo; cantad a Jehová, toda la tierra."

Aquí no dice "los que sientan cantar un canto nuevo, háganlo, los que no quieran, pues no importa, sigan con toda la tradición." No, de ninguna manera. Dios no nos habla así. Cuando Dios nos habla lo hace en forma de mandamientos, no nos lo deja a nuestra decisión, ni tampoco nos pide opinión. El da mandatos a sus hijos y espera que se le obedezca.

Lo que pasa es que somos muy tercos, somos obstinados y somos seres que prefieren la tradición. Y para que se nos saque de los senderos que hemos trazado, cuesta mucho. Jesús dijo:

"Respondiendo él, les dijo: ¿Por qué también vosotros quebrantáis el mandamiento de Dios por vuestra tradición?" Mateo 15:3

Aquí yo encuentro una razón muy poderosa por la que el Señor nos manda que le cantemos cánticos nuevos, y esa es que al principio, cuando nos aprendemos un canto nuevo, lo cantamos con todo el corazón pues expresa lo que tanto le queríamos decir a Él, pero después de cantarlo mil doscientas ochenta y nueve veces, como que ya no sale de lo más profundo del corazón, sino de nuestra memoria.

Si tú puedes cantar un canto y a la vez estar pendiente de quién falta y quién ya llegó, si estás pendiente de la hora o recordando todo lo que tienes que hacer mañana, me parece que ya necesitas renovar tus cantos.

Es necesario y es un mandato de nuestro Señor que cantemos cantos nuevos, que continuamente estemos renovando nuestra alabanza y adoración. Es por nuestro propio bien, de esa manera mantendremos fresca nuestra relación con el Señor y nuestra alabanza y adoración será algo vivo.

13 - *La gran necesidad de la unción y la preparación*

Una de las grandes necesidades que existe hoy en la iglesia es la unción de Dios sobre nuestras vidas. Me refiero a aquella fuerza o habilidad sobrenatural que viene a nosotros para poder cumplir con el trabajo que Él nos ha encomendado hacer.

No es suficiente poder cantar, tener conocimientos de música o ser un profesional, se necesita la unción de Dios, es decir, el apoyo del cielo mismo para poder cumplir con el llamado de Dios sobre nuestras vidas con el propósito de ser efectivos en lo que hacemos.

Si solo soy un profesional lo único que voy a lograr es impresionar a los oyentes, y van a salir de ahí diciendo, "qué bien toca", pero si soy un ungido de Dios van a salir de ahí diciendo "qué fuerte estuvo la presencia de Dios, tengo que cambiar mi vida."

El primero solo llega al oído de las personas, el segundo llega al espíritu del hombre. La unción es vital, ya que si no existe entonces solo somos imitadores, solo somos actores.

En Isaías 10:27 dice: *"Acontecerá en aquel tiempo que su carga será quitada de tu hombro, y su yugo de tu cerviz, y el yugo se pudrirá a causa de la unción."*

Es la unción la que no rompe, sino que pudre, me gusta esa expresión. Porque si solo la rompiera, se podría pegar do nuevo. Pero la unción pudre, y cuando algo se pudre ya no hay forma de arreglar o reconstruir, hay que tirar.

No estoy diciendo que solo hay que ser ungidos, también necesitamos tener conocimiento de lo que hacemos, de lo contrario seremos unos ignorantes ungidos y no creo que el Señor quiera eso tampoco. Tenemos que estudiar, practicar, disciplinarnos y prepararnos, ya sea predicando, tocando algún instrumento, cantando, o lo que sea que hagamos, debemos hacerlo con la máxima excelencia posible.

Yo creo que Dios se merece lo mejor de nuestra vida, y también Su pueblo. Debemos sacar de nuestra mente la mentalidad de que "de todas maneras es para el Señor y pues en realidad no importa cómo lo hago. El Señor conoce mi corazón y no le importa cómo canto, toco o hago las cosas." Qué equivocados hemos estado con esta forma de pensar.

Estamos sirviendo a un Dios cuyo nombre es Admirable, todo lo que Él hace lo hace con excelencia, y nosotros no tenemos excusa, ya que también podemos hacer las cosas con excelencia, pues fuimos hechos a Su imagen, conforme a Su semejanza, por lo tanto ¡sí que podemos!

Lo que pasa es que traemos arrastrando con nosotros una maldición llamada mediocridad, todo lo hacemos a medias, nada sin terminar, medio cantamos, medio tocarnos un instrumento, medio predicamos, todo a medias.

Esto tampoco le da gloria a Dios y es un tormento para Su pueblo. Ellos son los que más sufren con nuestras mediocridades. Por amor a Dios y a Su pueblo busquemos la unción de Dios y hagámoslo lo mejor posible dentro de nuestras posibilidades. La mediocridad trae desánimo, tanto al mediocre como a los que lo rodean. Seamos una fuente de gozo para nuestro Dios y una fuente de inspiración pum Su pueblo.

14 - La gran espera

Inmediatamente después de la adoración es muy importante que esperemos uno o dos minutos en silencio, ya que ahí es cuando el Señor está haciendo su obra de restauración, de sanidad y de convicción de pecados. El Espíritu Santo está haciendo su obra en el corazón de los hombres. Está escudriñando lo que hay dentro de nosotros, en ese momento es cuando el hombre está sensible y dispuesto a cambiar su forma de ser.

Yo lo comparo a la sala de operaciones donde el Señor opera en nuestra vida, después de haber alabado el corazón ha sido preparado para oír de Dios y responderle.

15 – Nuestro vocabulario

La forma en la que hablamos es sumamente importante. Llegamos a desarrollar un lenguaje religioso que realmente distrae a los que nos escuchan. Repetimos tantas veces las mismas palabras que llegan a quitarle la atención a las personas que nos están oyendo, los llegamos a poner nerviosos y perdemos su atención. Hay veces que repetimos demasiadas veces el famoso, "¿amén?" y el "¿quién vive?"

Yo me acuerdo que cuando pastoreaba en México una vez mi esposa me dijo que cuando predicara no repitiera tantas veces, "sí o no", y me acuerdo que le contesté: "yo nunca digo sí o no." Ella me dijo "bueno, fíjate la próxima vez que prediques y verás si no dices sí o no." Así que me fijé la siguiente vez que prediqué y para mi sorpresa era sorprendente la cantidad de veces que repetí esa frase, y vi que la pobre gente tenía que asentir con la cabeza cada vez que yo le decía "sí o no."

Es la gente la que sufre con nuestros errores, todos tienen que estar diciendo "amén", "gloria" y todas esas frases religiosas porque los forzamos a que lo hagan, y llega el punto en que a veces yo ni le preguntas a la gente y solitos ellos dicen "amén", usualmente muy fuera de lugar.

Al adoptar todas estas muletillas lo único que logramos es que se pierda el mensaje y distraemos a todo el mundo. Realmente es muy molesto que una u dos personas de la audiencia estén diciendo "amén" cada tres minutos. No dejan ni predicar ni tampoco escuchar a los demás.

Hay un lugar y un tiempo para decir esas expresiones de fe, pero cuando se pierde el sentido esas palabras se convierten solamente en muletas para hablar o en simples expresiones religiosas sin ningún valor eterno.

Cuidemos a la gente cuidando la manera en que nos expresamos, para no ser piedra de tropiezo. Seamos en su lugar un escalón para que las personas suban más alto en su relación y conocimiento de nuestro querido Dios. Escúchate a ti mismo y corrígete.

16- Sed llenos del Espíritu Santo

Esto es algo sumamente serio y urgente, que todos los que guiamos al pueblo de Dios seamos llenos del Espíritu Santo. Que verdaderamente hayamos tenido esa experiencia que las Escrituras llaman el bautismo del Espíritu Santo. Yo sé que hay muchas discusiones acerca de esta doctrina y que debo hablar cosas que unan al Cuerpo de Cristo para no dividirlo, y sé que muchos me van a regañar porque puse esto en este capítulo, pero la verdad es que así me lo inspiró el Espíritu Santo a que lo escribiera. De ninguna manera quiero empezar una discusión aquí, sino que solo quiero compartir de lo que yo experimenté hace 32 años, una vivencia que verdaderamente transformo mi vida entera.

Yo no sabía nada de la Biblia, no estaba buscando a Dios y tampoco estaba en drogas, cigarros, alcohol ni en nada por el estilo. Era buen estudiante, buen hijo, pero un día me encontré de sorpresa con el Padre, Su Hijo Jesucristo y el Espíritu Santo. En un pequeño garaje de una casa de un amigo, donde se reunían como unos 100 jóvenes, recuerdo que yo solo entré a preguntarle algo a mi hermano menor, y él comenzó la reunión a propósito.

Empezaron a cantar y yo me tuve que sentar y aguantarme toda la reunión. El encargado de predicar ese día dio su testimonio personal, y recuerdo que me impactó grandemente. Al terminar de darlo esta persona dijo: "todos los que quieran recibir el bautismo en el Espíritu Santo pasen adelante."

Y yo no entendía absolutamente nada, no sabía nada. Mi hermano me dio un codazo y me dijo "pasa adelante", y le dije que para qué, pero él me dijo "van a orar por ti."

Dentro de mi dije "bueno, que oren, que buena falta me hace." Vi que pasaron como unos ocho o diez jóvenes, y el predicador no explicó nada, simplemente dijo "vamos a orar." Yo vi que todos agacharon la cabeza y pues también la agaché y cerré mis ojos. De ahí en adelante fue como haber dejado un mundo y al abrir mis ojos nuevamente los abrí a otro mundo totalmente diferente, uno el cual yo desconocía que existía.

Comencé a sentir que había caído en un océano de amor, sentía un amor totalmente diferente al que yo había sentido antes. Ese amor no era humano, y recuerdo que empecé a ver una luz tan potente, tan pura, tan blanca, y luego oí una voz que me decía: "¿te acuerdas de esa historia de Jesús muriendo por ti en la cruz? Bueno, pues es cierto, y lo hice porque te amo."

Cuando abrí mis ojos y miré alrededor, vi que ya se habían ido todos a sus casas, habían recogido las sillas del garaje y el dueño de la casa estaba sentado enfrente de mí esperando a que yo aterrizara.

Cuando abrí mis ojos también noté que tenía mis dos manos levantadas hacia el cielo, estaba llorando como un niño chiquito y estalla hablando en un lenguaje que nunca había oído.

El dueño de esa casa me dijo que mi hermano ya se había ido y que él me iba a llevar a mi casa. En ese momento yo sentía un gozo, una paz, una felicidad tan grande que sentía que mi corazón iba a explotar, no me quería dormir esa noche por temor a despertar a la mañana siguiente y no sentir lo que estaba sintiendo en esos momentos, no poder hablar en ese lenguaje en el que estaba hablando, con el que sentía que le podía expresar a Dios todo lo que siempre le quise decir. Al hablarlo sentía que mi espíritu se desahogaba por completo y sentía una satisfacción muy grande.

Pero me tuve que dormir y a la mañana siguiente al despertar lo primero que hice fue caer de rodillas junto a mi cama y probé para ver si todavía estaba ahí esa presencia, y para mi regocijo, no sólo sentí Su presencia, sino que podía hablar en ese lenguaje nuevo, y toda la paz, el gozo y la satisfacción que había experimentado la noche anterior estaban también presentes esa mañana.

Hace 32 años que sucedió esto y cada mañana pruebo para ver si sigue ahí y gloria a Dios que ahí sigue. Si algo te puedo decir que conozco de Dios, es eso: que Él es fiel.

Estimado Lector:

Nos interesan mucho tus comentarios y opiniones sobre esta obra. Por favor ayúdanos comentando sobre este libro. Puedes hacerlo dejando una reseña en la tienda donde lo has adquirido.

Puede también escribirnos por correo electrónico a la dirección info@editorialimagen.com

Si deseas más libros como éste puedes visitar el sitio web de **Editorialimagen.com** para ver los nuevos títulos disponibles y aprovechar los descuentos y precios especiales que publicamos cada semana.

Allí mismo puedes contactarnos directamente si tienes dudas, preguntas o cualquier sugerencia. ¡Esperamos saber de ti!

Más libros del autor

Consejos para el Noviazgo Cristiano - Principios Bíblicos para un Noviazgo con Propósito

En este libro descubrirás los principios de parte de Dios para un noviazgo enfocado en cumplir Sus propósitos, tanto para tu vida como así también la de tu pareja.

El autor, además, comparte su propia experiencia, donde cuenta cómo estuvo a punto de arruinar su vida. Al final del libro encontrarás preguntas frecuentes, las cuales fueron parte de un taller para jóvenes.

Cerca de Jesús - Acércate a la cruz y serás cambiado para siempre

En este libro, el pastor Jorge Lozano, quien nació en México y vive en Argentina desde hace más de 20 años, nos enseña cómo acercarnos más a la persona de Jesús para experimentar Su abrazo y ser cambiados para siempre.

Dios está en Control - Descubre cómo librarte de tus temores y disfrutar la paz de Dios

Jorge Lozano, nos enseña cómo librarnos de los temores para que podamos experimentar la paz de Dios.

La Ley Dietética - La clave de Dios para la salud y la felicidad

Es hora de que rompamos la miserable barrera nutricional y empecemos a disfrutar de la buena salud y el bienestar que Dios quiere que tengamos.

Más libros de Interés

Promesas de Dios para Cada Día - Promesas de la Biblia para guiarte en tu necesidad

Nuestro Padre es un Dios de Amor y no retiene ningún bien. En Su Palabra encontramos los regalos y bendiciones que nuestro Padre tiene para nosotros.

Harto de Religión - Pero deseoso del Dios vivo

Si tuviera que definir en muy pocas palabras el objetivo que persigue este libro, diría que, con una inocultable nostalgia, Picone pide volver a los tiempos del "primer amor", como reza Apocalipsis, donde quizás había menos luces, menos rayos láser, menos marketing y más simpleza y profundidad en la fe.

Instinto de Conquista

Es un libro motivacional, que desafía la inquietud de cualquier persona que anhele un cambio en su vida y no sabe por dónde comenzar.

Perlas de Sabiduría – Un devocional - 60 días descubriendo verdades en la Palabra de Dios

Una perla que se produce en el mar tiene un valor muy alto. Ha comenzado por ser un diminuto grano de arena para luego convertirse en algo muy bello que muchos buscan y codician.

Gracia para Vivir - Descubre cómo vivir la vida cristiana y ser parte de los planes de Dios

Martin Field, nos comparte en este libro sobre la gracia que proviene de Dios. La misma gracia que trae salvación también nos enseña cómo vivir mientras esperamos la venida de Jesús.

Sanidad para el Alma Herida - Como sanar las heridas del corazón y confrontar los traumas para obtener verdadera libertad espiritual

Este es un libro teórico y práctico sobre sanidad interior.

Vida Cristiana Victoriosa - Fortalece tu fe para caminar más cerca de Dios

En este libro descubrirás cómo vivir la vida victoriosa, Cómo ser amigo de Dios y ganarse Su favor, Lo que hace la diferencia, Cómo te ve Dios, Cómo ser un guerrero de Dios, La grandeza de nuestro Dios, La verdadera adoración, Cómo vencer la tentación y Por qué Dios permite el sufrimiento, entre muchos otros temas.

Cómo hablar con Dios – Aprendiendo a orar paso a paso

A veces complicamos algo que nuestro Señor quiere que sea sencillo, es por esto que en este libro podrás encontrar detalladamente las respuestas a las preguntas:

- ¿Cómo debo orar?
- ¿Qué me garantiza que Dios me va a responder?
- ¿Qué palabras debo usar?

Dios Contigo - Tu Padre quiere hablarte y tiene un mensaje para ti

Varios autores se han reunido para darle forma a este libro, cuya intención es acercarte más al corazón de Dios.

Engrandeced a Nuestro Dios

30 días con Dios - Lecturas diarias que te fortalecerán y te acercarán al Padre

Lo que leerás a continuación es un devocional que hemos preparado con algunas de las reflexiones que ya hemos enviado por correo electrónico a miles de personas alrededor del mundo desde al año 2004

Espíritu Santo, ¡Sopla En Mí! - Aprendiendo los secretos para un vida de poder espiritual

¿Realmente queremos vivir una experiencia que revolucione nuestro presente, que haga la diferencia entre la muerte y la vida espiritual? De eso trata este libro. Te guiará a conocer al Espíritu Santo como persona. También aprenderás que es posible vivir una vida llena de su presencia.

www.ingramcontent.com/pod-product-compliance
Lightning Source LLC
Chambersburg PA
CBHW052058070526
44584CB00017B/2238